하늘의 특별검사

하늘의 특별검사

김인호 지음

규장

어느 바보 검사의 이야기

모든 일에는 하나님의 때가 있다.

나는 태어나서 줄곧 내가 어디에서 왔으며, 무엇을 해야 하고, 어디로 가게 될 것인가 하는 문제를 늘 고민하고 생각하면서 인생길을 걸어왔다. 많은 사람들이 이 문제의 해답을 찾아 고뇌하고 번민하지만, 정확한 답을 찾는 사람이 많지 않은 것 같다.

나는 1977년 서울대학교 법과대학 재학 중 사법시험에 합격한 후, 밀려오는 풍파를 이기지 못해 처음으로 하나님을 찾아 교회의 문을 두드리게 되었고, 이 문제에 대한 답을 성경에서 얻었다.

범사에 기한이 있고 천하만사가 다 때가 있나니 날 때가 있고 죽을 때가 있으며 심을 때가 있고 심은 것을 뽑을 때가 있으며 … 일하는 자가 그의 수고로 말미암아 무슨 이익이 있으랴 하나님이 인생들에게 노고를 주사 애쓰게 하신 것을 내가 보았노라 하나님이 모든 것을 지으시되 때를 따라 아름답게 하셨고 또 사람들에게는 영원을 사모하는 마음을 주셨으니라 그러나 하나님이 하시는 일의 시종을 사람으로 측량할 수 없게 하셨도다 사람들이 사는 동안에 기뻐하며 선을 행하는 것보다 더 나은 것이 없는 줄을 내가 알았고 사람마다 먹고 마시는 것과 수고함으로 낙을 누리는 그것이 하나님의 선물인 줄도 또한 알았도다 하나님께서 행하시는 모든 것은 영원히 있을 것이라 그 위에 더할 수도 없고 그것에서 덜할 수도 없나니 하나님이 이같이 행하심은 사람들이 그의 앞에서 경외하게 하려 하심인 줄을 내가 알았도다 전 3:1-14

나는 구약성경 전도서 3장에 나오는 솔로몬 왕의 고백을 통해 천지만물의 창조주 하나님이 내 문제의 해답임을 알게 되었다. 전도자의 고백대로 범사에 기한이 있고 천하만사가 다 때가 있듯이, 세상의 검사로 살아가던 내게 예수님께서 찾아오셔서 불타는 예수 그리스도의 심장을 덧입혀주셨을 때 나는 다시 세상으로 돌아갈 수 없었다.

하나님께서 하늘의 검사로 사는 날 동안 때를 따라 나를 높이기도 하시고 낮추기도 하셨다. 멸시 천대와 왕따를 감수하면서 하나님의 길을 붙좇게 하셨다. 나는 예수 그리스도의 사랑에 붙들려 다시 바보가 되어버렸다. 사도 바울과 같이 복음을 유통하고 순회 전도 사역을 하며, 뭇 영혼들을 하나님 앞으로 돌아오게 하는 사명을 '바보 검사'인 내게 맡겨주셔서 나는 행복하다.

하나님의 지혜에 있어서는 이 세상이 자기 지혜로 하나님을 알지 못하므로 하나님께서 전도의 미련한 것으로 믿는 자들을 구원하시기를 기뻐하셨도다 고전 1:21

나는 하나님께서 나를 쓰시고자 한다면 전도와 하나님이 하신 일을 증거하는 나의 사명, 나에게 맡겨주신 임무를 다하는 그날까지 달려갈 것이다.

내가 달려갈 길과 주 예수께 받은 사명 곧 하나님의 은혜의 복음을 증언하는 일을 마치려 함에는 나의 생명조차 조금도 귀한 것으로 여기지 아니하노라 행 20:24

책을 출간하는 일 역시 하나님이 나를 사용하시는 방편이니 책을 통해서 나를 좀 더 폭넓게 쓰시는 것이 하나님의 뜻이라면 나는 당연히 책을 낼 것이며 또 아니라면 책을 내지 않을 것이다. 책을 출간하는 일이 오직 하나님께 영광이 되며 그 책을 읽는 사람들이 하나님 앞으로 돌아오게 된다면 마땅히 그 일을 하겠노라고 나는 늘 기도해왔다.

그런데 작년부터 부쩍 많은 사람들이 나의 간증을 책으로 냈으면 좋겠다, 그래서 더 힘 있게 사역하면 좋겠다는 이야기를 많이 했다. 나는 알겠다고 대답하고 기도해보았지만 도무지 엄두가 나지 않았다. 2010년 초까지만 해도 나는 아직 때가 되지 않았다고 생각했다.

2010년 9월 나는 규장의 여진구 대표로부터 처음 연락을 받았다. 그동안 규장에서는 현직에서 치열하게 분투해온 하나님의 사람의 책을 내기 위해 기도해왔는데, 그 응답으로 하나님께서 나를 주목하게 하셨다는 것이다. 나는 생각을 많이 했다. 주변에서 계속 책을 낼 시점에 대해 이야기해왔기 때문이다. 하지만 나는 좀 더 몸을 낮춰 하나님의 때를 기다려야 한다고 여겼다. 그리고 여진구 대표에게 나도 기도하는 사람이고 여 대표도 기도하는 사람이니 하나님께서 뜻을 보여주시고 그 '때'가 합일이 될 때 책을 내자고 대답했다.

그런데 다시 기도하면서 나의 현재 상황을 돌아보며 문득 특기할 만한 점을 발견했다. 나는 2010년 8월부터 정책 연수를 시작하게 되어 많은 시간을 정책 연구에 쏟고 있었다. 그러고 보니 눈코 뜰 새 없이 바쁜 현직 검사 시절에 비한다면 책을 쓸 수도 있는 시간적인 여유가 생긴 것이다. 나는 다시 조심스럽게 기도했다. 책을 내는 일이 하나님이 주시는 마음이면 순종하여 하나님께 영광을 돌려드리기 원한다고 고백했다.

'아, 이때구나!'

그렇게 하나님께서 감동을 주셨기 때문에 이 책을 출간하기로 결정한 것이다. 이 책이 지금까지 나를 인도해주신 하나님을 증거하는 책이 되기를 바라는 마음 간절하다. 나는 비록 실수하고 잘못한 순간이 많았지만 오직 하나님은 승리하셨기 때문이다. 하나님을 사랑하고 이웃을 사랑하는 삶을 살기 위해 몸부림친 나의 모습이 오직 하나님께만 영광이 되기를 바라는 마음뿐이다.

많은 사람을 옳은 데로 돌아오게 한 자는 별과 같이 영원토록 빛나리라
단 12:3

2011년 새해에 이 책이 발간됨에 감사드린다. 이 책을 읽고 단 한 사람이라도 하나님이 주신 사명을 발견하고 그 사명으로 무장되어 하나님께 쓰임 받게 되기를 기도한다. 나의 삶의 주관자 되시는 하나님께 모든 영광을 올려드린다.

저 높은 곳을 향하여, 소원의 항구에 이르기까지 끊임없는 자기 성찰과 믿음과 경건에 이르는 연습으로, 하나님의 사랑이 넘실대는 살맛나는 세상을 소망하며….

십자가의 도가 멸망하는 자들에게는 미련한 것이요 구원을 받는 우리에게는 하나님의 능력이라 고전 1:18

2011년 새해 벽두 양재천변에서
김인호

저자 서문

이는 그리스도 예수 안에 있는 생명의 성령의 법이
죄와 사망의 법에서 너를 해방하였음이라

로마서 8장 2절

승승가도
세상출세

세상 반 교회 반 ; 검사로서 성공하고 신앙인으로서 실패하다

chapter 01

세상 무서울 것 없는
검사로 성공하다

소생의 젖

대개 불신 가정이 그렇듯이 우리 집안도 불교와 유교와 무속신앙이 결합된 분위기였다. 할머니가 유난히 절에 자주 다니며 열심이셨는데 그때에는 시골 분들이 거의 다 그랬다.

내가 태어났을 때 이야기를 들어보면 참 이상하다. 나는 1956년 1월 8일, 경남 합천군 삼가면 금리 533번지에서 태어났다. 그런데 태어나자마자 죽어버렸다! 어머니의 젖이 나오지 않았다. 젖을 짜서 먹이려고 해보았지만 젖이 한 방울도 나오지 않아 죽을 끓여 먹였는데 그만 죽을 먹다가 체한 뒤 물도 넘기지 못하는 상태에 빠진 것이다. 그렇게 거의 죽은 것 같은 가사(假死) 상태로 수십 일을 보내게 되었다. 나야 전혀 기억이 없지만 어른들은 모두 내가 도저히 살아날 수 없다고 보았다. 그렇게 약도 물도 받아들이지 못하는 죽음의 시간이 흘러갔다.

그런데 우리 집 이웃에 살던 목회자의 따님도 비슷한 시기에 아기를 출산했는데 나의 딱한 사정 이야기를 듣게 되었다. 믿음의 자매인 이분이 기도를 많이 했는지 아기를 한번 데려오면 좋겠다고 하자, 예수 믿는 사람에게 매우 적대적이시던 나의 할머니조차 오직 손자를 살리겠다는 일념으로 강보에 싸인 나를 그 분에게로 데려갔다. 내가 태어났을 때는 할아버지 상중(喪中)이라 젖동냥도 다닐 수 없었는데 말이다.

할머니와 어머니는 피골이 앙상해진 갓난아기가 어떻게나 젖을 잘 빨던지 놀랐다면서 그때의 일을 내게 직접 들려주셨다. 드디어 나의 생명이 소생하기 시작했다. 할머니는 나에게 젖을 물려주신 조이순 씨를 나의 양어머니로 맺어주셨다. 그 집안은 경남 남해에서 독실한 믿음의 집안으로 유명하고 지금까지 믿음 안에서 깊이 교제하며 서로 기도하고 있다.

바보 인호

죽은 것 같던 장남(長男)이 다시 살아난 기쁨도 잠시, 나를 본 많은 친지들이 하나같이 고개를 절레절레 흔들었다. 사람 되기 틀렸다는 것이다. 그도 그럴 것이 갓난아기가 태어나자마자 상당 기간 아무것도 먹지 못했으니 뇌세포가 많이 파괴되어 저능아가 되지 않았겠느냐는 것이다. 어른들의 우려처럼 자라면서 나는 말을 거의 못하는 벙어리 바보였다. 겨우 말을 하더라도 매우 심하게 더듬었는데 그 상태가 중학교에 입학할 때까지 계속되었다.

"인호 쟤, 완전히 바보다."

밖에 나가면 동네 어른 아이 할 것 없이 나를 바보 병신이라 놀리고 괴롭혔다. 눈물이 났다. 하루에도 열두 번씩 죽고 싶었다. 몸도 약해, 말도 못해, 공부도 못해, 학교에서 따돌림 당하기 일쑤에 전교 꼴찌를 도맡아 하던 나, 어린 내가 생각해보아도 난 쓸모없는 인생이었다.

그렇지만 공부를 아예 팽개쳐놓은 것은 아니었다. 어머니는 죽다 살아난 고마운 아들에게 애정과 관심이 남달랐고 큰 기대도 가지고 있었다. 하지만 나는 아무리 노력해도 선생님 말씀이 귀에 안 들어오고 아무리 외워도 교과서 한 구절이 외워지지가 않았다. 어머니의 열의와 초달에도 불구하고 해도 해도 안 되는 것은 나도 어쩌지 못했다.

게다가 검은 옷을 입고 창을 든 사람들이 나를 찔러 죽이려는 악몽에 밤새도록 시달리다 아침이면 온몸이 땀에 흥건히 젖어 깨어나는 일이 다반사였다. 어린 마음에도 이렇게 살아서 뭐하나, 차라리 죽으면 편할 것 같았다. 견디다 못해 어머니 몰래 깊은 물에 빠져 죽으려고 했고 빈 병을 깨뜨려 손목을 긋기도 했지만 그때마다 번번이 누군가의 도움으로 생명을 부지하게 되었다.

놀라운 것은 그런 '바보 인호'가 차츰차츰 머리가 좋아지고 공부를 잘하게 되었다는 것이다. 지금 생각해보면 내 머리가 트인 것도, 살아

나기 시작한 것도 하나님께서 나를 절망에서 소망으로 돌이키셨기 때문이다. 보이지 않았지만 하나님의 지극한 도우심의 손길이 있었기 때문이다.

꼴찌에게 주신 은혜

나는 김녕(金寧) 김 씨 집안에서 태어났다. 증조할아버지는 경남 거창 가조의 만석꾼으로 일명 '망태 할아버지'라 불렸다고 한다. 그 망태 안에 소고삐가 한가득 담겨 있었으니 부리는 소가 얼만지 땅은 또 얼마나 많았는지 미루어 짐작할 수 있다.

하지만 부자의 그 많던 재산도 할아버지가 술로 다 말아먹고 내가 태어날 무렵 집안은 완전히 몰락한 형편이었다. 그래서 아버지가 고생을 참 많이 하셨다. 안 해본 장사가 없던 아버지는 부산이나 대구 같은 대처(大處)에 쌀을 공급하는 쌀 도매상을 시작하셨고, 내가 부산으로 간 초등학교 6학년 때는 부산에서 양곡도매상 협회장을 지내셨다. 어머니는 시골에서 잡화점을 운영하셨는데 오직 나의 교육 때문에 부산으로 거처를 옮기는 결정을 내리셨다. 아버지가 장만해주신 하숙집을 혼자 몸으로 운영하며 수십 명씩 하숙을 치면서 자녀들 뒷바라지에 여념이 없으셨다.

부산 동신국민학교(지금의 초등학교)로 전학하자마자 시골에서 차츰차츰 나아지던 나의 성적은 다시 꼴찌로 곤두박질쳤다. 그때 어머니의 실망은 이만저만이 아니었다. 나는 정신을 가다듬고 다시 열심히 공부했다. 그런데 그해 경남중학교 입학시험이 여느 때보다 쉽게 출제되었다. 그래도 부산의 명문 학교라서 하나 반 이상 틀리면 들어갈 수 없었는데, 다행히 나는 커트라인으로 통과하여 경남중학교에 입학했다. 그런 다음에도 계속해서 성적이 좋아졌다. 학년이 올라갈수록 반 석차도 12등, 7등, 3등으로 계속 올랐다.

경남고등학교에 진학한 다음에도 성적이 향상되었다. 나는 어려서부터 아침 일찍 일어나는 새벽형이었다. 어느 날 이른 새벽에 일어나 열심히 공부를 하고 있는데 바깥에서 쿵 하는 소리가 났다. 나는 마루에 세워둔 상이 넘어졌나 하고 잠깐 생각했지만 곧바로 다시 공부에 집중했다. 그런데 새벽 공부를 마치고 학교에 가려고 방을 나서는데 마루에 어머니가 쓰러져 계신 게 아닌가. 어머니가 연탄가스를 마시고는 방문을 나오다가 쓰러지신 것이다. 나는 그것도 모르고 방안에서 책만 파고 있었다.

이상했다. 물론 나도 점점 더 열심히 공부하기는 했다. 하지만 아무리 생각해보아도 도저히 내 머리로 될 수 없는 일이라는 생각이 든다. 고3 때에는 전교 5등 안에 드는 성적이 되어 나는 마침내 서울대학교 사회 계열에 합격했고 그 이듬해에 법과대학에 들어갔다.

사법고시 합격

서울대학교에 합격하여 상경(上京)한 뒤에도 얼마나 열심히 공부했는지 모른다. 1학년 말 성적이 대단히 우수해서 그 당시 창설된 조선

일보 방일영장학회 장학생으로 선발되어 대학 4년 등록금 전액과 용돈과 책값까지 받고 학교를 다녔다.

그랬다. 한꺼번에 확 잘한 게 아니다. 벙어리 바보 소리나 듣고 사람들에게 모자라 보이기만 하던 내가 꾸준히 계속 잘하게 된 것, 그것은 가랑비에 옷 젖는 줄 모르게 내 안에 스며든 하나님의 '살리시는 은혜'였다. 아무것도 할 수 없다고 낙심하는 마음, 두려움, 우울, 아픔, 온갖 부정적인 마음을 집어넣어 나를 죽이고자 하는 사탄의 계획과 공격을 이기고 승리한 하나님의 은혜가 나에게 살고자 하는 마음, 긍정적인 마음을 부어주셨다. 하나님의 은혜는 그렇게 끊어지지 않았고 나도 모르는 사이에 지속적으로 나를 붙드시고 세워주셨다.

당시 내 꿈은 행정고시를 패스해서 경제기획원의 관료로 국가와 경제 성장에 이바지하려는 것이었다. 그런데 1학년 말에 나는 행정고시를 볼 수 없었다. 만 20세가 되어야 행시를 볼 수 있는데 그런 나이 제한이 있다는 것을 미처 몰랐기 때문이다.

2학년 1학기에 서울대가 관악 캠퍼스로 이전하면서 나는 진로의 방향을 선회했다. 서울대 법대, 상대, 문리대 중 2학년 2학기에 법대에 가서 6개월간 준비하여 사법고시 1차가 되었고, 그 뒤에 다시 1년 남짓 2차 시험을 준비하며 공부해서 단번에, 그것도 동기 중 최연소로 사법고시에 합격했다.

고시를 준비하는 기간에도 나는 절에 들어가서 공부하거나 하지 않았다. 3학년 내내 학교 도서관에 다녔다. 얼마나 지독하게 오래 앉아서 공부했는지 엉덩이에 땀띠가 나서 따끔거려 도저히 앉아 있지 못할 만큼 정말 열심히 공부했다.

최고의 복

우리는 그 당시 하나님의 계획을 전부 다 알지는 못한다. 하지만 시간이 흐르고 때가 되면 하나님의 은혜 가운데 그 놀라운 계획이 밝히 드러나 보이게 된다. 나를 고난에서 건지시고 다시 일으켜 세워 사법고시에 합격 당하게 하신 하나님의 뜻을 그때는 몰랐다. 하나님의 복음을 전하는 도구로, 그것도 검찰에서 그리 사용하시기 위한 하나님의 놀라운 계획하심을 어떻게 알 수 있었겠는가.

1974년 3월 1일, 나는 서울대학교에 합격을 당했고 또 법과대학 3학년에 재학 중이던 1977년 봄 사법고시에 합격을 당했다. 내가 합격을 '당했다'는 표현을 쓰는 것은 그 일이 내 힘과 능력으로 되지 않았기 때문이다. 나는 법률가이기 때문에 정확한 표현을 선호한다. 치밀하게 이야기하지 않을 경우 자칫 하나님의 역사를 잘못 나타낼 수가 있다. 따라서 용어가 매우 중요하다. 그래서 나는 주저없이 합격을 당한 것이라 말한다.

당한 복(福)이 진짜 복이다. 내 힘과 능력으로 합격한 것이면 뭐 그리 기쁠까마는, 내 힘과 능력은 전혀 없는데 그분이 내게 능력을 주셔서, 힘 주시는 그분의 손길로 말미암아 합격이 되었으니 어찌 크나큰 복이라 하지 않을 수 있겠는가?

중보기도와 그 열매

내가 사법고시에 합격하기 전까지 어머니는 예수를 믿지 않으셨다. 하지만 내 주위에는 나와 우리 가정을 위해 중보해주시는 여러 분이 계셨다.

일찍이 사별하고 예수를 믿기 시작한 이모할머니[고(故) 박정희 권사]께서 우리 집안의 구원을 위해 줄곧 기도해왔고, 양어머니 조이순 여사 역시 믿음의 중보기도를 드리고 있었다. 어머니에게 교회에 나가도록 전도했을 때 어머니 역시 예수를 믿는 일에 부정적이지 않았다. 어쩌면 기회가 된다면 언제든 나갈 준비가 되어 있던 것이 아니었을까 싶다. 어머니에게 아이 공부를 위해 부산으로 나올 것을 권유하신 분이 큰외숙모(김숙희 여사)였는데 이분도 일찍이 예수를 영접한 분이다.

나 역시 어릴 때부터 교회 종소리만 들리면 막연하게 교회로 달려가고 싶었다. 집안 분위기상 교회에 갈 수는 없었지만 교회 종소리가 마치 하나님이 나를 부르시는 소리인 것만 같았다. 말도 잘 못하고, 바보 취급당하고 그래서 죽으려고 했던 어린 시절부터 나는 줄곧 생각이 많은 아이였다.

'나는 과연 어떤 사람인가? 죽어야 할 사람인가, 살아야 할 사람인가? 가치가 있는가, 없는가?'

내 처지도 딱하지만 나만 불쌍한 것이 아니라 모든 사람이 불쌍했다.

'나는 어디로 갈까? 저 사람은 인생 살다가 죽어서 어디로 갈까?'

나는 하나님을 떠올렸다. 하나님께서 나를 아신다, 나를 살리고 세우고 인도하시는 분은 교회 종소리를 통해 내가 느끼는 하나님이시지, 다른 어떤 존재가 아닐 거라는 생각이 어려서부터 내 마음속에 아련했다.

드디어 여러 분의 중보기도가 열매를 맺게 되었다. 내가 법대 3학년 사법고시 2차에 합격한 뒤 부산에 내려와 있을 때 일이다. 아버지 어머니의 잦은 다툼이 불화(不和)로 이어지면서 가정이 큰 위기에 봉착했다. 나는 속으로 생각했다.

'야, 이건 도저히 안 되겠다. 하나님이 아니면 정말 안 되겠다!'

나는 대구에 계신 이모할머니께 전화를 걸어 에스오에스(SOS)를 요청했다.

"할머니, 이제 정말 더는 안 되겠어요. 저희 다 같이 교회에 나가야겠습니다. 저희 집 근처에 있는 교회와 목사님을 좀 소개시켜주세요."

아마 나를 제외하고 나의 가족 중 아무도 이런 일이 일어나리라고 생각지 못했을 것이다. 이모할머니는 부산 괴정제일교회(대한예수교 장로회 고신측)의 한병옥 목사를 모시고 집에 오셨다. 한 목사는 아버지, 어머니, 나와 동생들을 위해 기도해주셨다. 우리는 그 기도 소리를 고스란히 들었다. 하나님의 종이 불신 가정인 우리 집을 방문하여 난생 처음 함께 예배를 드린 것이다.

너는 내게 부르짖으라 내가 네게 응답하겠고 네가 알지 못하는 크고 은밀한 일을 네게 보이리라 렘 33:3

놀랍게도 우리 가족은 돌아오는 첫 주일부터 모두 괴정제일교회에 나갔다. 아버지도 교회에 나가는 것에 반대하지 않으시고 자주 나가셨다. 나 역시 주일 성수는 물론 수요예배를 비롯한 모든 예배에 참석했다. 새벽기도회의 자리에도 열심히 나아갔다.

복 주기 원하시는 하나님

나는 어릴 때부터 내가 늘 하나님을 생각하고, 하나님께서 나를 항상 지켜보고 계신다는 것만으로도 심정적으로 큰 위안을 삼아왔다. 교회에 나가 하나님 앞에 예배를 드리면서 지금까지의 모든 과정이 하나님의 은혜라는 생각을 했다.

내가 직접 경험한 하나님은 좋은 것을 주시는 하나님이셨다. 내가 좋아하는 것 정도가 아니라 하나님이 보시기에 좋은 것으로 우리의 삶을 가득 채워주시는 분이다. 나를 돌아봐도 그렇고 우리 가정을 돌아보더라도 그랬다. 나는 내가 차츰 말도 잘하게 되고 공부도 잘하게 되고 환경도 좋아진 것이 단지 내가 바라기만 한다고 된 일이 아니라는 것을 깨달았다. 하나님께서는 하나님의 자녀에게 좋은 것으로 채워주시는 분이셨다.

그가 사모하는 영혼에게 만족을 주시며 주린 영혼에게 좋은 것으로 채워주심이로다 시 107:9

서울에서 사법연수원 과정 1년을 보내며 소망교회에 출석했고 나머지 1년은 부산에서 검찰 시보(試補), 법원 시보, 변호사 시보로 보내며 괴정제일교회에서 신앙생활을 했다. 부산검찰청에서 연수할 당시 나는 지금의 아내를 만나 약혼했다. 사법연수원 2년 과정을 마친 뒤 나는 군법무관으로 육군에 지원했고 결혼식도 올렸다. 강원도 양구 최전방 사단 검찰관으로, 육군 본부 법무감실의 송무장교로 근무했다.

밤낮 없는 특수검사

나는 1983년 9월 1일자로 서울지방검찰청 검사로 임관하여 첫 검사의 직을 수행하게 되었다. 보통 처음 임관한 검사는 형사부에 배치되어 근무한다. 그런데 나는 군법무관 출신이라 그 점이 검사 경력으로 반영되어 서열이 조금 높았던 모양이다. 나는 김용원 검사(《브레이크 없는 벤츠》의 저자)와 함께 송무부에 배치되었다. 일반 행정관청과 행정관청 간, 행정관청과 국민 사이에 소송이 일어나면 검찰에서 그 소송을 총 지휘하게 되어 있다. 송무부가 바로 검찰에서 국가 소송을 지휘하는 부서다. 나는 국가 소송 지휘 검사로 8개월 간 송무부에서 근무했다.

송무부 근무를 마치고 나는 형사 5부로 갔다. 당시 형사 5부에서 같이 근무했던 검사가 조배숙 검사(현 조배숙 민주당 의원)다. 보통 검사가 하는 일이란, 경찰에서 검찰로 사건을 송치해오면 기소할지 불기소할지 그 결정을 내리기 위해 다시 검찰 수사를 하는 것이다. 그런데 나는 개인적으로 검사가 독자적으로 적발해낸 사건을 수사하는 일에 더 관심이 많았다. 이런 사건을 인지(認知) 사건이라고 하는데 나는 부산검찰청 검사 시보 시절부터 인지 사건을 담당한 바 있다.

형사 5부에서 나는 특별히 인지 사건을 많이 담당했다. 상부에서는 그런 내가 검사 자질이 있다고 판단했고 나도 판사보다 검사가 내 적성에 더 맞는다고 생각했다. 인지 사건은 검사가 사건을 인지해서 직접 정보를 수집해가며 사건 수사를 진행하기 때문에 일이 매우 많다. 경찰에서 송치된 사건도 처리해야 하고, 자신이 새로 만든 사건도 해결해야 하기 때문에 아침 일찍 출근해서 밤늦게까지 일하고 새벽에 퇴근하는 나날이 이어졌다. 이때 진짜 열심히 일했다.

이렇게 수사 검사로 자질을 인정받은 나는 서울지검 특수부 검사, 특별수사부장검사, 대검찰청 중앙수사부 과장을 역임하며 큰 사건을 많이 경험하게 되었다.

정국의 소용돌이 속에서

그 후 부장검사가 된 뒤로도 나는 형사부장을 한 번도 못하고 대검찰청 중앙수사부 2과장과 1과장을 거쳐 서울지검 특수 2부장을 역임했다. 대개 형사부장이 하는 일은 경찰에서 송치된 사건을 검사가 잘 처리하는지를 직접 감독하고 결재하는 일이다. 하지만 특수부는 경찰 사건은 일체 하지 않고 스스로 사건을 찾아서 일하기 때문에 일의 성격상 매우 위험한 편이었다. 또 까딱하다가는 사고가 나기도 십상이다. 그래서 특수부장 시절을 생각하면 거의 집에 들어가지 못했던 기억이 많이 난다. 검찰청의 전등은 꺼지는 일이 거의 없다. 부장검사인 나 없이 검사가 자거나 잠시라도 수사관이 한눈을 팔면 백발백중 사고가 난다. 피의자가 도망치거나 수사관을 공격하거나 자해하거나 심지어 자살하는 일이 벌어지기 때문이다. 불철주야로 애썼기 때문인지 감사하게도 나의 재임 기간에는 그런 사고가 단 한 차례도 일어나지 않았다.

내가 서울지검 특수부 검사로 있을 때 유명한 사건으로 공업용 우지(牛脂) 사용 라면 사건이 있다. 1989년 10월 한 달 신문과 방송은 전부 라면 이야기뿐이었다.

나는 미국산 공업용 우지를 국내에 들여와 라면 등 식품 원료로 사용한 자체가 식품위생법에 위반되기 때문에 이 수사에 착수했다. 미국에서 비식용으로 분류된 문제의 우지를 식용으로 버젓이 사용하는 것 자체가 명백한 실정법 위반이기 때문이다. 그렇지만 식품과 관련한 문제이다보니 그 초점이 흐려져 우지의 인체 유무해(有無害) 논란을 빚으며 한동안 정국이 크게 소란스러웠던 것으로 기억한다.

또 수입 소고기를 한우로 둔갑시켜 판매한 대형 백화점 사건도 있었는데, 대형 백화점이라서 그런지 외압이 심했다. 하지만 나는 검사의 양심과 소신으로 사건을 관철하였다.

죽다 살아난 피의자

내가 중앙수사부 수사 1과장으로 있을 때 일이다. 어떤 사건을 내사하면서 관계자를 소환해 조사하던 중에 일이 터졌다. 관계관들이 내 방으로 황급히 달려와 보고하기를 조사를 받던 사람이 죽었다는 것이다. 나는 순간 아찔했다. 하지만 아무 말도 하지 않고 아무것도 묻지 않고 속으로 기도만 했다.

'하나님, 제가 너무나 부족한 사람입니다. 하지만 제 책임 아래 조사를 받던 사람이 죽으면 정말 하나님께 영광이 되지 않을 것 같습니다. 하나님, 잘못했습니다. 제가 다 잘못했습니다. 하나님, 어떡합니까? 용서해주십시오.'

나는 간절히 기도하며 관계관들과 함께 조사실로 향했다. 조사실로 올라가는 발이 천근만근이었다. 사람이 죽다니 그것은 모두 책임자인 나의 과실이다. 옷을 벗는 것쯤 문제가 아니다. 한 사람이 조사를 받다가 죽었으니 유가족들에게 나는 영락없는 죄인이 되는 것이다. 조사실에 도착해보니 정말 조사실 침대에 그가 입에 거품을 문 채 큰대(大)자로 누워 있었다. 이미 내가 취할 수 있는 방법이 전혀 없어 보였다.

순간 나는 무릎을 꿇었다. 한 손은 그 분의 손을 잡고 다른 한 손을 그의 심장에 얹은 채 나는 하나님께 간절히 기도했다.

"하나님, 모든 것이 저의 잘못입니다. 저를 용서해주십시오. 하나님, 이분을 살려주세요. 하나님께서 살려주셔서 이 일이 하나님께 영광이 되기 원합니다."

너무 절박한 상황이다보니 조사실 안이 쥐 죽은 듯이 숙연해졌고 모두 눈을 감고 내가 드리는 기도 소리를 들었다.

"하나님, 정말 간절히 기도합니다. 꼭 살려주셔서 하나님께 영광이 되게 해주십시오. 하나님께서 그를 살려주시면 최대한 선처하겠습니다. 하나님, 살려주세요."

손을 내밀어 병을 낫게 하시옵고 표적과 기사가 거룩한 종 예수의 이름으로 이루어지게 하옵소서 하더라 행 4:30

그러자 갑자기 그 분이 정신을 차렸다. 사람들도 모두 놀랐다. 그가 눈을 뜨고 나를 보며 이렇게 말했다.

"과장님, 저 그럼 잘 봐주시는 겁니까?"

나 역시 너무 놀라고 반가운 마음에 속히 대답했다.

"아, 네. 살아나셔서 제가 감사합니다. 최대한 선처하도록 노력하겠습니다. 하나님, 감사합니다."

"감사합니다. 감사합니다, 과장님."

나중에 그가 내게 진짜 하나님을 믿겠노라 고백했다. 이 일은 나에게도 굉장한 사건이었다. 그 자리에 함께 있던 사람들이 모두 이 일을 목격했기 때문이다.

'이야, 하나님이 하셨구나!'

'김인호 검사가 믿는 하나님이 살아 계시다.'

내가 한 일이 아니다. 나는 하나님께 기도만 했을 뿐인데 하나님께서 그 순간에 부족한 사람을 긍휼히 여기시고 기도를 들어주신 것이다. 그

광경을 목격한 분들의 입을 통해 살아 계신 하나님이 증거된 것이다.

이상한 하나님의 지혜

1991년, 내가 서울지검 특수부 수석검사로 있을 때 대형 비리 사건이 터졌다. 모 그룹이 어떤 일로 정관계 인사들에게 뇌물을 건넸는데, 나는 그 사건을 수사하는 데 차출되었다. 그런데 그중에서 내가 수사하게 된 사람은 그야말로 검사가 가장 부담스러워할 만한 거물급 유력 인사였다.

순간 나는 지금까지 특수부 검사로 명성도 쌓았고, 앞으로 검사로서 전망이 있다고 생각하는데 이 일에 성공하지 못해 제대로 된 평가를 받지 못하면 어떡하나 하는 걱정에 휩싸였다. 부끄럽지만 그럴 때는 하나님께 기도하는 수밖에 없었다.

"하나님, 어차피 이분이 단죄되어야 한다면 이분이 순순히 자백하도록 저에게 지혜를 주세요."

그러자 하나님께서 내게 이런 감동을 주셨다.

'말하지 마라.'

하지만 검사가 말하지 않고 어떻게 수사할 수 있는가? 말하고, 질문하고, 심문해야 하는데 말을 하지 말라니 나로서는 잘 이해가 되지 않았다.

'하나님, 어떻게 할까요?'

다시 물어도 말하지 말라는 지혜를 주신다. 그 뒤에도 나는 중간 중간 하나님께 지혜를 달라고 계속 기도했다.

말하기 vs 말하지 않기

나는 조사실에 혼자 앉아 있다가 오후 2시경 출두한 그 분을 정중히 맞이했다. 그는 먼저 기선을 제압하는 말과 태도로 나왔다. 나를 거칠게 몰아세우기도 하고 훈계하기도 했다. 마치 그가 조사하는 사람이고 내가 조사를 받는 사람 같았다. 하지만 나는 아무 말도 하지 않고 가만히 앉아 있었다. 가끔 눈을 감았다가 가끔은 그를 쳐다보았다.

그 사이에 시간이 흘렀다. 내가 아무 말도 하지 않자 그는 지금까지 자신이 살아온 인생 역정부터 시작해서 계속 혼자 이야기했다. 그러면서 뇌물을 주었다는 모 그룹 회장은 만난 적도 없다는 말을 간간이 했다. 저녁을 시켜주자 맛있게 먹더니 조사실 침대에서 태평하게 잠을 청하고 일어났다. 그때도 내가 아무 말이 없자 이제는 본인도 괜히 미안한 마음이 들었는지 도리어 뭐라도 물어보지 왜 아무것도 묻지 않느냐고 했다. 그런데도 내가 가만히 있자 이제는 이것저것 변명을 늘어놓기 시작했다. 이야기가 계속 나왔다.

자정을 넘기자 나는 속으로 하나님께 여쭤보았다.

'하나님, 어떻게 할까요?'

'이제 해봐라.'

바로 이럴 때 한마디를 잘해야 한다. 내가 불쑥 그를 불렀다. 열 몇 시간 동안 한마디 말이 없던 검사가 갑자기 자신을 부르자 그도 깜짝 놀랐는지 갑작스럽게 존대를 한다.

"예!"

"제가 좀 감해드릴게요."

"예?"

그가 충격을 받았는지 갑자기 말문이 막힌 것 같았다.

"뭘요?"

"경감해드린다고요."

내가 한 번 더 말했다. 그리고 다시 아무 말도 하지 않았다. 그러자 그도 눈을 지그시 감았다. 마음이 복잡한지 책상에 앉았다가 다시 침대에 엎드렸다. 그러기를 한 시간 반 동안 했다. 마음이 요동치고 있다는 증거다. 돈을 받았는지, 받았으면 왜 받았는지 아무것도 묻지 않던 검사에게 단번에 강펀치를 한 방 맞고 '어떻게 대응할까? 이미 다 알고 있는데 부인할까? 자백할까?' 심각하게 갈등하는 것이 눈에 보였다.

나의 간증

보통 수사하려면 수사하는 사람이 말을 많이 하고, 조사를 받는 사람이 좀처럼 입을 떼지 않는데 상황은 그 반대였다. 하나님께서는 세상의 방법과는 다른 방법으로, 도리어 정반대로 하는데도 일이 되게 하셨다. 미욱한 나의 어디서 그런 지혜가 나올 수 있을지 생각해보더라도 하나님이 이끄신 일이 분명했다.

소환된 다른 정관계 인사들이 뇌물 수수를 전부 부인하고 있는 상황에서 나는 가장 부담스러운 상대로부터 첫 자백을 받아냈다. 대개 한 사람이 부인하면 다 부인하지만 한 사람이 자백하면 전부 자백한다. 첫 자백 소식이 삽시간에 전달되면서 그때까지 부인하던 다른 사람들의 자백이 도미노처럼 이어졌다.

나는 이 일을 통해서 하나님의 특별한 지혜를 경험했고 하나님을 좀 더 알 수 있고 직접 느낄 수 있는 체험을 했다. 부족한 나지만 이런 나를 통해 하나님께서 어떻게 역사하셨는지, 또 그런 역사의 중심에 위치할 수 있었다는 것이 나에게도 중요한 간증이 되었다.

단말마 같은 기도조차 들으시다

나는 1997년 대통령선거 직전 고(故) 김대중 전(前) 대통령(당시 민주당 총재이자 대통령 후보)의 비자금 의혹 사건을 맡았던 주임검사이기도 하다. 내가 대검찰청 중앙수사부 제2과장으로 있을 때 일이다.

그 사건을 배당받았을 때 나는 적잖이 당황했다. 나의 솔직한 심정은 한마디로 '아, 내가 옷을 벗게 되겠구나'라는 것이었다. 수사에 착수하여 야당 총재의 비자금이 나오든 김 후보가 대통령이 되지 못하든지 간에 나는 심각한 소용돌이 한가운데 위치하게 될 것이었다.

나는 절박한 마음으로 하나님께 기도했다.

"하나님, 이 뜻이 뭡니까? 제가 이 사건에 착수하고 수사하게 되면 어찌 되겠습니까? 하나님, 저 어떻게 할까요?"

하지만 아무 답이 없었다. 그래도 나는 계속 하나님께서 하나님의 때에 하나님의 뜻대로 역사해주시기를 간절히 기도했다. 결국 보름쯤 지나 당시 검찰총장이 직접 수사 유보 입장을 발표했다. 대선 정국에 큰 영향을 미칠 수 있는 사안이니 만큼 대선 이후에 수사하겠다는 뜻이었다.

그 밖에도 나는 부산과 서울지검 특수부장 시절, 민심(民心)이 천심(天心)이고 천심이 곧 민심이라는 마음으로 1995년 부산 영도구의 '기우뚱 아파트'에 대한 시공사의 부실시공과 감독기관의 감독 소홀을 물어 부실공사에 경종을 울리는 한편 국민들의 불안을 해소하기도 했다. 1999년 전 국민에게 큰 굴욕감을 안겨준 '신(新) 한일어업협정' 실패에 대한 책임을 규명하여 국민들의 마음을 위로하려고 애썼다.

내 힘으로 할 수 없는 어려운 사건들을 만나면 나는 하나님을 찾게 된다. 거듭나기 전에도 나는 짧은 시간이나마 부르짖어 기도했고 알 수 없는 하나님의 뜻이 무엇인지 구하곤 했다. 긍휼이 풍성하신 하나님은 그럴 때조차 나를 저버리지 않으셨다.

그러나 나는 세상의 생각과 세상적인 흐름을 따라 세상이 주는 즐거움을 좇는 일에 이미 깊이 젖어 있었다. 이상적인 검사생활과 성공을 위해서라면 세상과 타협하기를 주저하지 않는 시간을 보내고 있었다.

chapter 02

눈물의 회개로
생명의 길을 따르다

두 개의 십자가, 명성교회와의 만남

나는 소망교회에 다니며 압구정동에서 세를 살고 있었는데 아파트를 분양 받아 이사하고 싶은 마음이 간절했다. 그런데 점찍어둔 강남구 개포동 아파트는 추첨에서 죄다 떨어지고 당첨된 곳이 강동구 명일동의 삼익가든 아파트였다. 당첨된 아파트에 실 거주하지 않을 경우 향후 몇 년간 아파트 추첨권이 박탈된다고 하니 나는 울며 겨자 먹기로 명일동으로 이사를 했다.

그런데 이사한 날 밤, 나는 꿈에서 두 개의 십자가를 보았다. 왜 십자가가 하나가 아니라 두 개인지 꿈에서조차 의아했다. 다음날 주일이 되어 주일예배를 드리러 소망교회에 가려고 집을 나서는데, 집 앞

10미터 전방에 십자가를 두 개 세운 교회가 보였다.

'아, 하나님께서 우리를 이리로 인도하셨구나!'

나는 즉시 그 교회로 방향을 잡았다. 그날 우리는 명성교회에서 예배를 드리고 가족 모두 등록했다. 집사람도 순종하는 마음으로 내 결정에 따랐다. 그때 담임목사인 김삼환 목사도 매우 기뻐하였다. 그것이 1984년 7월의 일이다(개척 4년째 접어든 명성교회의 당시 성도 수는 100명에서 150명 정도였다).

1985년 독일로 해외 연수를 떠나기 전에 나와 아내 그리고 두 아이 모두 세례를 받았다. 그것도 본당에서 예배 도중에 세례를 받았는데 그때 얼마나 많은 은혜를 부어주시던지 나는 세례를 받는 내내 감사와 감격의 눈물을 흘렸다. 나는 한국 법무부에서 파견한 검사로 뮌헨 대학에서 형사법을 연구하며 독일에 1년 3개월간 머물렀다.

내가 왕?

처음에 명성교회에 등록했을 때 담임목사는 내게 좋은 자리를 주겠다고 약속했다. 명색이 내가 검사인데 교회에서도 아주 고상하고 품위 있는 자리 하나 주겠지, 나는 내심 기대를 많이 했다. 그런데 나에게 주겠다는 자리가 다름 아닌 성전 문지기(안내 담당)였다. 나는 몹시 불쾌했다. 좋은 자리가 아니었기 때문이다(그러나 하나님이 보시기에 그 자리가 얼마나 복된 자리인지 나는 나중에 알게 되었다).

주의 궁정에서의 한 날이 다른 곳에서의 천 날보다 나은즉 악인의 장막에 사는 것보다 내 하나님의 성전 문지기로 있는 것이 좋사오니 시 84:10

'검사인 나를 일부러 성전 앞에 문지기로 세워두려고?'

처음 명성교회에서 성전 문지기로 서 있을 때, 인사를 하는데 90도로 절하기가 얼마나 어려웠는지 모른다. 검사의 고개가 **뻣뻣한** 것이 사실 아닌가. 나는 그때 '나는 너희보다 높은 사람이다!'라는 마음속 생각을 그대로 드러낸 근엄한 표정을 짓고 있었다. 교인들도 하나같이 "검사님, 검사님" 하기에 나도 모르게 자꾸 마음이 높이 치솟았다. 겸손한 척했지만 사실 교만했던 것이다.

어찌 본다면 이제부터 제법 성도로서 성도다운 삶을 사는 것처럼 보였다. 예전처럼 성경만 들고 교회 마당만 밟는 선데이 크리스천이 아니라 이제는 제대로 봉사도 하고 마치 굉장한 예배자의 삶을 사는 것처럼 느껴졌기 때문이다.

그렇지만 주중에는 사정이 달랐다. 월요일부터 토요일까지 검찰청에 나와 검사실에 앉아 있으면 내가 왕(王)이었다. 열두 평 검사실에서 나와 같이 근무하는 수사관 두 명, 여직원 한 명, 또 줄줄이 내 앞에 데려다가 앉히는 피의자들, 수갑 찬 죄수들 앞에서 나는 정말 왕이 된 기분이었다. 왜냐하면 그들이 나의 표정 하나, 말 한마디에도 무척 신경을 쓰고 머리를 조아리기 때문이다. 그들은 어떻게든 내게 잘 보이면 기소유예(검사가 공소를 제기하지 않음) 처분이 나올 수도 있고 다만 얼마라도 낮은 벌금형을 구형(求刑) 받을 수 있다고 생각하기 때문이다. 나는 이미 사람들 앞에서 마음이 스스로 높아져 있었다.

폭탄주와 아골 골짜기

검찰청에서 하루 일과가 끝나면 상사 부장검사와 다른 동료 검사들이 다 같이 모여 저녁 식사를 하러 가는데, 간혹 식사 후 고스톱을 칠 때도 있었다. 고스톱을 하다보면 돈을 딴 사람은 기분이 좋아서 한 잔 마시고, 돈을 잃은 사람은 기분이 나빠서 담배 한 대 물고 또 한 잔 마신다.

나도 처음에는 참 이상했다. 이런 거 안 해도 될 텐데 싶고 담배 연기가 싫어서 밖으로 나가기도 했다. 하지만 그런 자리에 참석하지 않으면 왕따 되고 왕따 되면 출세하기 다 틀렸다는 말을 그냥 무시할 수도 없었다. 나는 검사로 출세하고 성공하러 검찰청에 왔는데(그때는 하나님의 계획을 몰랐다), 밉보여서 출세에 지장이 되면 안 되겠다는 생각부터 들었다.

그래서 나도 출세하는 지름길이라면 한 잔 마셔주자는 마음으로 술을 마셨다. 담배 연기가 참 싫었지만 자꾸 권하길래 일명 '뽀끔' 담배(입담배)도 피워봤다. 콜록콜록 기침하며 피우던 뽀끔 담배가 나중에는 담배 연기를 폐 속까지 깊숙이 빨아들이는 본 담배로 변했다.

상명하복(上命下服) 관계가 군대 다음으로 뚜렷한 것이 검찰 조직이다. 선후배와 동료 간 동지애와 단결을 다지기 위해, 과로와 업무 스트

레스를 한 방에 날리기 위해, 똑같이 일시에 취하자고 누구 하나 빼지 않고 먹는다는 술이 폭탄주다. 어떨 때는 시간이 없어서 일부러 빨리 취하려고 폭탄주를 마시기도 했다.

술 마실 기회가 많다보니 많이 마시게 되고 술을 먹어보니 맛도 좋았다. 나의 할아버지가 술 때문에 가산을 모두 탕진했다더니, 나는 내가 술을 아주 잘 마시는 체질이라는 것을 알게 되었다. 처음에 사람이 술을 마시지만 나중에 술이 술을 마시고 결국 술이 사람을 마시게 된다는 말이 무슨 뜻인지 알 것 같았다.

술 마시는 자리에 빠지면 출세할 수 없다는, 세상이 주는 걱정과 두려움에 사로잡혀 나는 세상이 잡아끄는 대로 이끌렸다. 출세하고자 하는 한 번의 욕망과 한 번의 타협이 나를 아골 골짜기로 몰아넣었다. 습관적으로 적당히 한 다리는 교회에, 한 다리는 검찰청에 걸쳐두었다. 그러면 교회에서도 대접받고, 세상에서도 대접을 받았다. 검사로서 승승장구하고 성공했다. 하지만 신앙에 있어서는 완전히 실패했다.

마음속 하나님의 법

사람들은 술을 마시면서 하나님을 생각할 수 있느냐고 하겠지만, 1차, 2차, 3차 회식을 하고 집으로 돌아갈 때, 나는 그 시간만큼은 솔직하고 겸허하게 '하나님께서 나를 어떻게 생각하실까?'라는 번민에 휩싸이곤 했다. 어릴 때 나를 살려주신 하나님의 은혜가 생각났다. 왜 내가 하나님의 은혜를 저버리고 하나님께 진 빚을 갚지도 못하고 세상 따라 멀리멀리 가고 있는지 이해가 되지 않았다.

'하나님께서 나를 살리셨을 때에는 내게 뭔가 사명도 주셨을 텐데…. 내가 계속 이래서야 되겠나?'

처음에는 나도 속으로 이러면 안 된다고 생각했다. 그러다가 나중에는 낙심하여 그런 유혹을 피하거나 맞설 믿음조차 잃어버린 것 같다는 생각이 들었다. 그러는 가운데 내 안에 나쁜 습관의 뿌리가 점점 더 깊이 내리고 있었다. 순간순간 하나님이 생각나지 않으면 어느새 나는 다시 습관을 좇아 행하고 있었다.

내 속사람으로는 하나님의 법을 즐거워하되 내 지체 속에서 한 다른 법이 내 마음의 법과 싸워 내 지체 속에 있는 죄의 법으로 나를 사로잡는 것을 보는도다 … 그런즉 내 자신이 마음으로는 하나님의 법을 육신으로는 죄의 법을 섬기노라 그러므로 이제 그리스도 예수 안에 있는 자에게는 결코 정죄함이 없나니 이는 그리스도 예수 안에 있는 생명의 성령의 법이 죄와 사망의 법에서 너를 해방하였음이라 롬 7:22,23,25 ; 8:1,2

바울이 그랬던 것처럼 내 속에서도 그리스도 예수 안에 있는 생명의 성령의 법과 죄와 사망의 법이 서로 싸웠다. 아이러니하게도 하나님의 법을 어기고 실제로 잘못 행하면서 한편으로 회개하는 마음도 품은 것이다. 어쩌다가 같은 아파트에 사는 주민과 엘리베이터에 함께 타면 아무도 나와 눈을 맞추려고 하지 않았다. 그때 엘리베이터 거울에 비친 내 얼굴은 얼마나 딱딱하고 근엄했는지 모른다. 그러니까 말이 없고 무섭다, 심지어 '게슈타포'(독일의 비밀경찰)라는 소리를 듣는다고 생각하면서도 속으로는 다시 '다른 사람 눈에 비춰지는 내 모습이 이렇구나. 그러면 하나님은 나를 어떻게 보실까?'라고 생각한다.

감사하다. 그때에도 하나님께서 내게 은혜를 주신 모양이다. 다행스럽게도 내가 항상 뻣뻣한 놈은 아니었던 것이다.

북월 선생

나는 한때 매우 유능한 모 선배 검사를 상관으로 모신 적이 있다. 나는 속으로 술도 제일 잘 마시고 일도 제일 잘하는 그 선배처럼 되고 싶다고 생각했다.

한번은 그 분을 모시고 해외로 출장을 갔다. 매일 저녁 그 선배 검사를 따라 술을 많이 마셨다. 그러던 어느 날 똑같이 술을 마셨는데 이 분은 기억이 멀쩡한데 나는 필름이 끊겨 지난 밤 일을 기억하지 못하는 것을 깨닫고 나는 화들짝 놀랐다.

'아, 술을 필름이 끊길 정도로 마시다니….'

나는 술 마시는 문제의 심각성을 자각했다. 게다가 그 선배 검사가 나를 어떻게 생각할지 부끄러웠다. 한국으로 돌아온 다음부터 나는 처신을 달리하기로 했다. 물론 회식하는 자리에는 매번 참석했다. 하지만 식사를 마치고 2차 장소에 도착하자마자 "새벽기도가 있어서 그만 가봐야 되겠습니다"라고 대놓고 말한 다음 자리에서 일어났다.

번번이 2차에만 가면 먼저 자리를 뜨니까 핀잔도 들었다. 그때 별명을 하나 얻었다. 바로 북월 선생이다. '북월'이란 배반할 '배(背)' 자의 파자(破字)다. 한마디로 '배신자'라는 뜻이다. 직접 배신자라 부르기에 뭐하니까 북월 선생이라 부른 것이다. 그런데도 나는 그 말이 참 듣기 좋았다. 아직은 부족하지만 세상의 흐름에서 이탈하고자 하는 모습, 세상이 아니라 좀 더 하나님께 다가가는 모습처럼 느껴져서 말이다. 차츰 변화의 조짐이 감지되고 있었다.

나는 하나님께서 지속적으로 나의 인생을 만지시며 계속 끌어당기시는 것을 느꼈다.

특별한 새벽 1탄 ; 어머니의 눈물 기도

금요일 밤이 깊었다. 아니 토요일 새벽 미명이 밝아오고 있었다. 금요일은 세상의 주일(酒日)이다. 그날도 나는 술을 진탕 마시고 새벽녘에 집으로 들어갔다.

그러고 보니 나를 맞는 아내의 눈에 눈물이 가득하다. 시골에서 어머니가 올라오셨다고 한다. 어머니가 계시다는 안방에서 구슬픈 기도 소리가 흘러나왔다. 나는 불현듯 어머니의 기도를 도청(盜聽)해보고 싶다는 마음이 들었다. 그때까지 어머니의 기도를 직접 들어본 적이 없었던 것 같았다. 나는 방문 앞에 쪼그리고 앉아 어머니의 기도를 가만히 들어보았다. 나를 위해 기도하는 어머니가 내게 처음으로 목격

된 순간이다.

"왜 저 아들이 저렇게 하나님의 은혜를 저버리고 세상으로만 달려가고 있습니까?"

어머니의 대성통곡이 이어졌다.

"하나님, 하나님께서 저 아들을 죽음에서 건져주시고 새로운 생명을 주시고 검사로 세워주시고 또 안수집사로 세워주셨는데, 저 아들이 하나님의 일은 안중에도 없고 아무것도 모르는 세상 사람들처럼 살아가는 모습을 제가 깊이 통회합니다. 하지만 그 모든 죄는 저 아들이 아니라 기도가 부족한 이 어미의 잘못입니다. 저의 잘못입니다. 하나님, 저를 죽여주십시오."

나는 어머니의 기도에 충격을 받았다. 그 기도에는 그간 어머니가 나를 위해 중보해온 내용이 고스란히 담겨 있었다. 계속된 실망에도 불구하고 포기하지 않고 권면하시던 어머니가 그간 어떤 기도로 중보해 오셨는지 알 수 있었다. 어머니가 "내가 바로 죽어 마땅한 사람입니다"라고 기도하실 때 나는 너무 큰 충격을 받았다. 내가 쓸모없는 놈이 아니라 쓸모 있는 사람으로 변화되어야겠다고 생각했다. 내 마음은 가루가 되었다. 순간 눈물의 회개와 함께 하나님의 성령이 강력히 내게 임했다.

"샘물과 같은 보혈은 주님의 피로다… 저 도적 회개하고서 보혈에 씻었네…."

나는 이 찬송을 부르면서 계속 눈물을 흘렸다. 하나님께서 나를 양육해주시고 인도해주시고 세워주시고 매순간 도와주셨는데, 정말이지 이제는 이 은혜를 갚을 때가 왔음을 깨달았다.

며칠 후 나는 또다시 좀 더 늦은 새벽에 귀가했다. 그런데 어머니가 기도하던 그 자리에서 이번에는 아내가 기도하고 있었다. 이번에도 나는 기도를 도청해보고 싶은 충동이 일어났다. 아내의 기도는 어머니의 기도와는 사뭇 달랐다.

아내는 앞으로 장로로 세워주실 하나님의 은혜에 미리 감사드리며, 그런데 장로로 세워주실 때는 아름답게 섬기는 모습, 존경받고 인정받는 모습의 장로가 되게 해달라고 기도했다. 연이어 "저 모습으로 어떻게 장로가 될 수 있겠습니까?"라고 자신을 자책하고 통회하며, 어머니와 마찬가지로 돌과 화살을 나에게 던지는 것이 아니라 나의 죄를 자신의 죄로 고백하며 눈물을 흘리는 것이 아닌가.

나의 아내 배 집사(배성순 집사)는 평소 매우 양순한 여인이다. 어머니와 사이도 좋았고 또 같은 배 씨라서 나는 종종 어머니(배귀선 권사)를 '큰 배 씨 아줌마', 아내를 '작은 배 씨 아줌마'라 부르기도 했다. 그런 배 집사도 1년 365일 중 수많은 날을 술 먹고 늦게 들어오는 나를 용납하기는 어려웠을 것이다. 그간 아내는 나를 보고 울기도 많이 했고 질책하기도 하면서 몹시 괴로워했다.

어느 날 배 집사는 일 핑계로 저녁마다 술을 마시고 늦게 들어오는 내게 정식으로 한 가지만은 반드시 약속할 것을 강력히 요구했다. 이제부터는 절대로 토요일 밤늦게 술을 마시고 들어와 주일 아침 깨어나지 못해 주일예배를 드리지 못하는 일이 있어서는 안 된다는 것이다. 물론 주일을 범하면서 골프를 치는 일도 있어서는 안 된다고 했다. 주일성수를 죽기 살기로 하겠다고 약속하라는 아내의 말에서 결기가 느껴졌다.

"말로는 계속 하나님께 안 그러겠다고 하면서 제가 왜 이러는지 모르겠습니다. 하나님, 저 정말 어떻게 할까요?"

아내의 눈물의 기도를 들으며 나는 내 가까이 있는 어머니와 아내의 마음도 편하게 못해주면서 어떻게 하나님의 마음을 기쁘게 해드릴 수 있을까 하고 생각했다. 하나님은 계속해서 나를 터치하시며 회개의 발걸음을 재촉하셨다.

특별한 새벽 3탄 ; 담임목사와의 정면 대면

또 한 번의 결정타가 있었다. 달이 휘영청 밝은 어느 날 새벽 귀갓길이었다. 그날도 나는 거나하게 취해 있었다. 그런데 그 검사 성도가 새벽예배를 인도하러 가는 목사와 길에서 정면으로 딱 마주친 것이다. 그동안 요리조리 잘 피해 다녔건만 하나님께서는 결국 엄청난 만남을 계획해두신 것이다.

목사와 대면했지만 도무지 할 말이 없었다. 하늘로 솟을 수도 없고 땅으로 꺼질 수도 없고, 그 순간 나는 기도했다. 나의 외마디 기도에 하나님께서 응답해주셨다. 바로 주(主)의 종이 좋아하는 말을 하라는 응답이었다.

"목사님, 오늘부터 새벽기도 잘 나가겠습니다!"

엉뚱한 소리가 내 입에서 흘러나왔다. 내 대답을 들은 목사는 잠잠히 미소를 지으며 예배당으로 발걸음을 옮겼고 나는 아파트 엘리베이터에 올라탔다. 엘리베이터 안에서 나는 내 입을 때렸다.

"내일부터라고 하지 왜 오늘부터 나간다고 했어?"

하지만 고백하건대 그것은 내가 한 말이 아니었다. 하나님께서 내 입술에 말씀을 담아 선포해주신 것이다. 약속은 약속이고, 언약은 언약이다. 그 말에 나는 꽁꽁 매인 바 되었다.

샤워를 해도 술 냄새가 다 가시지 않았지만 결국 나는 그날부터 아내에게 붙들려 새벽기도에 나갔다. 냄새가 많이 났을 텐데도 성도들은 그런 나를 참아주었다. 참 감사했다. 어머니와 아내의 눈물의 기도, 목회자의 권면과 성도들의 사랑을 통해 나는 다시는 돌이킬 수 없는 회개의 길목으로 접어들었다.

결정타 ; 예수님과의 만남

1999년 7월 나는 서울검찰청 특수부장검사에서 대전지검 천안검찰지청장으로 발령이 났다. 부임하기 전날 저녁 서재에서 나는 취임사를 준비하고 있었다.

깜빡 졸았을까 불현듯 내 앞에 예수님이 나타나셨다. 예수님 앞에서 나는 감히 얼굴을 들 수 없었다. 털썩 무릎을 꿇고 우는 것밖에 다른 방법을 몰랐다.

너무 형편없고 참으로 나쁜 놈! 진정 죄인 중에 괴수요, 하나님의 사랑을 배반하고 세상의 명예 권세 좇아 달음질쳤던 나! 많은 사람들의 마음을 아프게 하고 눈물짓게 하고 무엇보다 주님의 마음을 아프게 했던 나! 이 나쁜 놈에게 도리어 예수님이 찾아오셨으니, 어찌 내가 눈을 바로 뜨고 당당히 예수님을 바라볼 수 있겠는가?

그런데 예수님께서 내게 말씀하셨다.

"세상의 무거운 짐을 내게 맡기라 하였는데 너는 왜 혼자서 그렇게 힘들게 지고 가느냐?"

바울이 거룩한 임재 앞에 땅에 고꾸라져서 음성을 들었다고 했던가. 나는 내게 그렇게 말씀해주시는 예수님의 놀라운 사랑 앞에 하염없이 눈물을 흘릴 수밖에 없었다.

"주님, 제가 참으로 세상적인 검사였습니다. 저를 용서해주세요. 주님…."

감사와 회개 그리고 진정으로 통회하는 마음으로 새벽 미명까지 울고 또 울었다. 그러자 예수님께서 다시 내게 물으셨다.

"계속 울고만 있을 거냐?"

예수님의 이 말씀을 듣자마자 내게 큰 감동과 깨달음이 밀려왔다. 회개가 무엇인가? 회개란 그냥 울기만 하는 것이 아니다. 회개는 내가 있던 자리에서 일어나 돌이켜 하나님 앞으로 나아가는 것이다. 나는 예수님께 말씀드렸다.

"오늘 이 시간부터 하나님의 영광을 위하여 일어나 빛을 발하겠습니다."

그 시점부터 이 순간까지 나는 하나님의 영광을 위하여 구체적으로 나의 삶을 드리며, 직장과 가정의 현장에서 그때 예수님께 드린 약속을 지키려 혼신의 힘을 다해 노력하며 한 걸음 한 걸음 나아가고 있다.

변화의 물결

하나님께서 은혜를 주시고 변화를 입자 나의 얼굴도 변화되었다. 나의 속사람이 변화되니까 얼굴도 새 사람처럼 되었다. 딱딱하게 굳은 권위적인 표정의 '검사스러운' 얼굴에서 편안하고 부드러운 '안' 검사스러운 얼굴로 변화된 것이다.

나는 기뻐서 견딜 수가 없었다. 또 눈물이 나서 견딜 수가 없었다. 그동안 나를 통해 이루시기 원했던 하나님의 계획을 이뤄드리지 못한 것, 하나님의 깊으신 뜻을 헤아리지 못한 것 때문에 눈물이 났다. 하나님의 계획을 배반했던 이스라엘 민족과 영적인 이스라엘인 우리를 향해 늘 애통해하시는 하나님의 마음을 생각하자 눈물이 나서 견딜 수가 없었다.

하지만 예수님이 말씀하신 것처럼 눈물만 흘리고 있을 수는 없다. 하나님께서는 우리가 그 눈물을 내 형제와 이웃을 위해 흘리기 바라신다. 그들의 영혼을 구원하기 위해 눈물을 흘릴 때 큰 복으로 갚아주실 것이다.

예루살렘의 딸들아 나를 위하여 울지 말고 너희와 너희 자녀를 위하여 울라 눅 23:28

아버지의 모습 그대로

그동안 내 자녀들에게 나는 그저 세상 일 하고 술 먹는 검사 아버지일 뿐이었다. 아버지로서 나에게 신앙인다운 모습이 전혀 없었다. 자연히 아이들도 갈 '지(之)' 자로 걷고 있었다. 공부도 안 하고, 교회도 억지로 다니고, 아버지도 전혀 존경하지 않았다.

그런데도 나는 내 모습은 생각하지 않고 공부 안 한다고, 신앙생활 제대로 못한다고 아이들을 야단친 적이 있다. 나 자신도 바로 서지 못했으면서! 그간 나의 이런 모습 때문에 내 자녀가 나쁜 길로 나갔고, 나쁜 영향을 받았다고 생각하니 정말 부끄러웠다. 그래도 아이들이 그만큼 자라준 것은 하나님이 도우셨기 때문이다.

자녀가 잘되기 원한다면 아버지가 잘되어야 한다. 아버지가 어떻게 잘되어야 하느냐 하면 영적으로 잘되어야 된다. 영적으로 잘되면 육적으로도 잘될 것이다. 그렇기 때문에 자녀를 위해서 기도하는 가정이라면 먼저 아버지가 변화되어야 한다.

교육은 말로 하는 것이 아니었다. 변화된 나의 모습 자체가 자녀에게 커다란 교훈이자 교육이 되었다. 내가 마음과 뜻을 다해 열과 성을 다해 주(主)의 일에 힘쓰자 아이들의 신앙도 자랐났다. 이제는 오히려 나보다 더 신앙이 돈독해졌다. 아이들은 지금 친구에게, 아파트 주민에게, 경비원에게, 세탁소 아주머니에게 복음을 전하고 있다. 그만큼 부모의 모습이 중요하다.

마찬가지로 나의 영적인 부모이신 하나님께서 그동안 나에게 말씀을 통해서 또 기도 응답을 통해서 큰 교훈과 교육을 하고 계셨는데, 내가 그것을 미처 깨닫지 못한 것이다. 그동안 나는 얼마나 세상적이었던가!

하나님은 정말 사랑과 인내의 하나님이셨다. 이 못된 자식을 오랫동안 기다렸다가 다시 끌어안아주셨다. 나는 이미 하나님께 말로 다 할 수 없는 빚을 진 사람이다. 내게 남은 것은 다 갚을 수 없더라도 어떻게든 그 빚을 갚기 시작하는 일이다.

생명 없는 죽은 자에게 보내주신 예수 그리스도
나는 성경을 상고해보았다.

여호와 하나님이 그 사람에게 명하여 이르시되 동산 각종 나무의 열매는 네가 임의로 먹되 선악을 알게 하는 나무의 열매는 먹지 말라 네가 먹는 날에는 반드시 죽으리라 하시니라 창 2:16,17

에덴동산의 아담과 하와가 뱀의 말을 듣고 하나님께서 절대 먹지 말라고 하신 선악과를 따 먹은 이유가 무엇인가? 아담과 하와가 하나님이 아닌 '세상 것'에 솔깃해지면서 결국 에덴동산에서 쫓겨나 생명 없는 죽은 자가 된 것이 아닌가?

선악과를 먹으면 세상눈이 밝아지고 하나님 아는 눈이 어두워진다. 하나님은 하나님 아는 눈이 밝아지기를 원하지 세상눈이 밝아지는 것을 원하지 않으신다. 하나님의 명령을 어긴 아담 이래로 하나님은 노아를 세우고 모세를 세우셨다. 이스라엘 민족을 출애굽 시킨 다음 그 백성과 언약을 맺었지만 그들은 계속해서 하나님을 저버렸다. 그래서 많은 선지자를 통해 계속 회개하고 돌아올 것을 촉구했지만 끝끝내 돌아오지 않아 구약성경에서 예언하신 대로 하나님의 아들 예수님이 이 땅에 직접 오신 것이 아닌가.

말씀이 육신이 되어 우리 가운데 거하시매 우리가 그의 영광을 보니 아버지의 독생자의 영광이요 은혜와 진리가 충만하더라 요 1:14

'말씀이 육신이 되어' 오신 분이 예수님이라고 말씀하신 것은 구약 성경 말씀에 노정된 그대로 오신 예수님을 뜻하는 것이다. 예수님께서 이 땅에서 공생애 사역을 마치시고 십자가에서 죽으시고 부활하시고 다시 승천하셨다. 예수님께서는 처소를 예비하러 간다고 말씀하셨고 그렇게 가신 지 2천 년이 지났다.

내가 너희를 위하여 거처를 예비하러 가노니 가서 너희를 위하여 거처를 예비하면 내가 다시 와서 너희를 내게로 영접하여 나 있는 곳에 너희도 있게 하리라 요 14:2,3

회개하라 천국이 가까이 왔느니라 마 3:2

돌이키지 않으면 죽은 목숨!

그렇기 때문에 다시금 생명으로 돌이키기 위해서 가장 먼저 해야 하는 것이 회개다. 회개 이후에 변화가 있지, 진정한 회개 없이 사람은 절대 변화되지 않는다는 것을 나 역시 확실히 깨달았다.

주여 주여 하는 자마다 천국에 갈 것이 아니요 하늘에 계신 아버지 뜻대로 행하는 자라야 천국에 들어갈 것이니라 마 7:21

예수를 믿는다고 입으로 아무리 말해도 소용없다. 나도 말로는 "하나님", "주님", "내 아버지"라고 했지만, 실제 나의 삶과 내 행동을 보면 나는 그리스도인이 아니었다. 스스로 보기에도 그리스도인이 아니라고 판단될 때 하물며 다른 사람들은 나를 어떻게 판단할지 생각해 보았다.

'아, 내가 믿음이 있는 척했지만 행함이 전혀 없었구나. 이 말씀이 바로 나를 가리키고 있구나.'

그만큼 행함이 정말 중요하다.

하나님은 모든 사람이 구원을 받으며 진리를 아는 데에 이르기를 원하시느니라 딤전 2:4

모든 천사들은 섬기는 영으로서 구원 받을 상속자들을 위하여 섬기라고 보내심이 아니냐 히 1:14

하나님이 무엇을 바라시는가? 하나님께서는 천사를 통해서 전도하기 원하신 것이 아니다. 우리를 통해서 모든 사람이 다 주 예수를 믿어 구원 얻고 진리를 알게 되기를 바라신다. 그런데 나는 지금까지 전도를 하나도 하지 못했다. 나는 이 말씀에 승복하지 않을 수 없었다.

나의 장점이라고 한다면, 내가 잘못되었다고 판단되면 바로 무릎을 꿇는다는 것이다. 나는 하나님의 말씀이 비춰주시는 대로, 세상에서 얻을 수 없는 하나님이 주시는 생명을 찾기 위해 먼저 돌이켜 회개하고, 행함이 없는 나의 믿음을 돌아보고, '말씀을 믿음으로 실천하는' 진정한 신앙인의 모습으로 많은 사람들을 주(主)께 돌아오도록 하는 사람이 되기 원하시는 아버지의 마음을 깨달았다.

이제 변화되지 않으면 죽은 목숨이다. 하나님의 생명을 가진 산목숨이 되려면 변화되어야 한다. 성령께서 강한 임재 가운데 나를 사로잡으셨다. 나는 결단하지 않을 수 없었다.

"주를 위해서 죽으면 죽으리라."

나는 일사각오(一死覺悟)로 천안검찰청에 부임하게 되었다.

하나님은 모든 사람이 구원을 받으며
진리를 아는 데에 이르기를 원하시느니라
디모데전서 2장 4절

복음전파
전도사명

검사의 직 ; 하나님의 복음을 유통시키기 위함이 아닌가

chapter 03

예수에 사로잡힌
검사가 오다

총론과 각론

1999년 7월 어느 날, 나는 천안검찰청 지청장으로 첫 출근을 하게 되었다. 사실 나는 서울검찰청 특수 1부장으로 가고 싶었지 당장 지방의 검찰청으로 가고 싶지는 않았다. 그래도 천안지청으로 발령이 난 이상 천안에 가면 어떻게 하면 좋을지, 앞으로 뭘 해야 할지 나 나름대로 깊이 생각해보았다. 하나님 앞에 구체적으로 기도하고 응답을 받은 것은 아니다. 하지만 나는 상당히 논리적인 사람이다. 변화되고 난 뒤 나는 이미 주님 뜻대로 살기로 했다. 그러니까 '총론'으로 하나님의 뜻은 진정한 그리스도인이 되라는 것이고, 그리기 위해서 '각론'은 하나님의 지혜를 구하여 내가 해야 하는 것이다.

'각론은 내가 하자. 그럼 첫 발을 어떻게 내디딜 것인가?'

그래서 머릿속으로 천안을 한번 떠올려보았다. 삼국시대 이래로 한양으로 올라오는 길목이기 때문에 천안 삼거리에 폭력배가 많을 거라는 데 생각이 미쳤다. 그러고 보면 천안이 영적(靈的)으로 그리 좋은 땅은 아닌 듯했다.

'가서 어떻게 할까? 처음부터 제대로 한번 해보자.'

김경호 형제!

집을 나서는데 자동차 한 대가 집 앞에 서 있고, 그 앞에 거구의 한 남자가 서 있었다. 그는 자신을 김경호 주임이라고 소개했다. 지청장의 자동차를 1호차라고 부르는데, 그가 천안에서부터 1호차를 몰고 서울까지 나를 데리러 온 것이다. 김경호 주임은 씨름선수 출신이라서 그런지 체구가 크고 말수가 몹시 적었다.

간단히 인사를 마치고 김경호 주임이 운전석에, 나는 뒷자리에 올라탔다. 차를 타기 전에 '내가 뒷자리에 따로 앉을 자격이 있나? 나도 앞자리에 앉으면 어떨까?' 잠깐 고민했다. 하지만 운전에 방해가 될 것 같고 내가 앞자리에 앉는다고 김 주임을 대접하는 것도 아닌 것 같아 그냥 뒷자리에 앉았다. 하지만 어떻게든 내 마음을 말로 표현해보고 싶었다. 나는 기도했다. 그러자 성령님이 이 마음을 주신다.

'그래, 호칭부터 바꾸자. 나는 김인호, 김 주임은 김경호. 왠지 이름부터 친근하다.'

나는 그의 이름을 다정히 불러보았다.

"김경호 형제!"

사실 그렇게 부르기까지 쉽지는 않았다. 입에서 나올락 말락 한참 망설여졌는데 용기를 내서 불렀다. 나는 절대 그럴 수 없는 사람이었는데, 나는 이때 내가 가장 순수한 마음이었다고 생각한다. 시작이 반인 것 같다. 김경호 형제가 잠시 머뭇하더니 "네!"라고 대답하면서 약간 울먹이는 듯했다. 뒷자리에 앉아 있으니 그의 얼굴이 보이지는 않았지만 그의 넓은 어깨가 들썩이는 것이 느껴졌다. 그에게 이 호칭이 꽤나 충격이었나보다. 하마터면 사고가 날 뻔 했다.

그에게 "김경호 형제!"라는 나의 짧은 한마디가 심금을 울린 것이다. 나도 그 한마디가 사람을 그렇게 변화시킬 줄은 몰랐다. 확실히 성령님이 감동을 주시는 대로 순종하자 역사가 일어났다. 놀랍게도 그날부터 김경호 형제도 내가 믿는 예수님을 믿기 시작했다.

나는 그 사람이 하나님을 아는 사람이든 모르는 사람이든, 그를 존중하고, 대접하고, 사랑하고, 특별히 하나님을 모르는 사람을 더 잘 대접하다보면 복음을 전할 수 있는 기회가 찾아오겠다고 생각했다. 그런데 감사하게도 하나님을 모르는 사람을 잘 대접하기만 해도, 따로 전도하지 않아도 저절로 전도가 되겠다는 생각이 들었다. 김경호 형제를 보고 나는 그 점을 깨달았다.

시작이 반이다, 일단 선포부터!

천안검찰청에 도착해서 취임식을 가졌다. 취임사를 죽 읽어내려 가다가 나는 끝에 취임사 원고에 없는 말을 하나 덧붙였다.

"하나님의 축복이 이 천안에 가득하기를 바랍니다."

내 사전에 내가 이런 말을 하리라고는 예상하지 못했다. 나도 내가 그렇게까지 할 줄은 몰랐다. 하지만 '김경호 형제'라는 호칭을 시작으로 천안에 하나님의 복을 선포하기에 이르기까지 나는 첫째 관문과 둘째 관문을 통과했다.

사람이 마음으로 믿어 의에 이르고 입으로 시인하여 구원에 이르느니라
롬 10:10

다른 기관장들이 지청장 취임 축하 회식을 준비했다는 말을 들었지만, 나는 일단 다음 기회에 하자고 미루었다. 그날이 수요일이었기 때문이다. 나는 김경호 형제에게 오늘 수요예배에 가야겠다고 말했다. 그리고 내가 공익근무요원과 여직원들에게 저녁식사를 대접하고 싶으니 식당을 알아보고 자리를 마련해달라고 부탁했다. 그렇게 모아보니 서른다섯 명 정도 되는 젊은 직원들이 모였다. 그들은 거의 천안 토박이였다.

사실 나는 그들에게 식사를 대접하고 그들과 함께 교회로 가서 수요예배를 드리고 싶었다. 물론 처음부터 교회 얘기를 꺼내지는 않았

다. 어떻게 하면 지혜롭게 만나는 사람들을 하나하나 교회로 인도해 볼까 궁리했기 때문이다.

조금 수상한 2차

식사가 거의 끝나갈 무렵, 나에게 한 가지 기억이 되살아났다. 지긋지긋하게 2차 3차 4차까지 갔던 오랜 세월의 경험을 되살려서 나는 직원들에게 오늘 2차가 있다고 선포했다. 젊은 직원들의 박수와 환호가 이어졌다. 충청도 사람들이 밥을 굉장히 천천히 먹는 편인데, 2차가 있다고 하니까 밥을 빨리 먹고 일어섰다.

천안에 가면 어디에서 신앙생활을 해야 하는지 잘 몰라서 아는 분을 통해 미리 알아보니 검찰청 근처에 교회 두 곳이 있는데, 천안중앙감리교회가 가장 가깝다고 했다. 나는 그 교회로 터벅터벅 걸음을 옮겼다. 그들은 내가 2차를 어디로 데려가는 줄 꿈에도 모르고 나를 따라나섰다.

그런데 교회 앞에 다다르자 참석한 사람들이 일시에 이 특별한 2차에 동참할지 말지 이야기하며 웅성거렸다. 그러자 직원 중 한 명이 사람들에게 두 가지를 제안했다.

"우리가 생각한 2차와 다르기는 하지만 그렇다고 지청장이 2차의 종목을 지정해서 말씀하신 적이 없으니 약속을 위반한 것이 아니요, 우리는 내일부터 지청장과 한솥밥을 먹으며 함께 근무해야 하는 사람들이니 다들 들어갑시다!"

그 말에 직원들이 모두 교회로 들어가 예배를 드렸다. 한여름이라 날이 무척 더웠다. 우리는 예배를 드리고 나와서 팥빙수로 3차를 했다. 직원들이 모두 좋아했다. 예배는 생소했지만 그래도 새로운 경험이라고 생각하는 것 같았다. 또 직원들은 지금까지 본 어느 지청장과도 다른 내 모습에 몹시 의아해했다. 이 모든 일이 천안에 온 지 하루 만에 일어났다.

소문이 중요하다, 소문을 따라가자

다음날 아침부터 들려오는 소문이 심상치 않았다. 새로 온 지청장이 교인이라는데, 직원들을 데리고 나가 밥을 사주고, 교회도 같이 가고, 팥빙수도 사주면서 직원들을 아낀다는 것이다. 나는 당황스러웠다.

'성령님이 감동을 주시는 대로 처음 순종해본 것뿐인데, 내가 한 일이 아닌데….'

나는 소문을 막아보려는 심산으로 천안검찰청 의료자문위원장으로 계신 김용균 장로에게 전화를 걸었다. 이분은 산부인과 의사이자 도올 김용옥 선생의 큰형님이시기도 하다. 김 장로도 벌써 소문을 들으셨다고 했다. 내가 난처하니 소문을 좀 막아달라고 애원하자 김 장로가 웃으시며 알겠다고 하시더니 거꾸로 소문을 더 내버리셨다. 새 지청장이 믿음도 좋고, 전도도 잘하고, 겸손하더라고 말이다.

나는 웃어야 할지 울어야 할지 몰랐다. 소문을 듣고 도리어 낙심이 되었다. 나는 자신이 없고 두려웠다.

'나는 이렇게 빨리 하려고 안 했는데 왜 이렇게 빠른 거지? 과연 이 래도 되나? 이러다가 내가 사탄의 밥이 되는 것 아닌가?'

하지만 불현듯 내 뜻과 다르게 나를 빠르게 인도하시는 분이 계시 다는 생각이 들었다. 곰곰이 생각해보니 내가 예수님과 약속을 했고 이 소문을 따라가는 일이 예수님과의 약속을 지키는 일이었다.

부임한 지 얼마 되지 않았기 때문에 각지에서 나를 찾아오는 분들이 많았다. 취임 축하 인사차 오기도 했다. 나는 어떻게 할지 고민하다가 성경을 선물하기로 했다. 처음에는 서울에 올라가 주일예배를 드린 다 음 교회 서점에서 성경을 십여 권씩 사서 월요일에 천안으로 출근할 때 가져왔다. 그래서 만나는 사람에게 성경을 선물했다.

그냥 성경만 전달하는 것이 멋쩍어서 "다음 주 수요일에 한 번 뵐까 요?"라고 말한 것이 또 소문이 났다. 나를 만나기만 하면 성경을 선물 받고, 그 다음 주 수요일에 교회에 가게 된다는 소문이다. 그 소문을 듣고 이미 그렇게 생각하고 나를 찾아오는 사람도 많았다. 그래서 성 경을 선물로 받으면 으레 나에게 이렇게 물었다.

"다음 주 수요일에 식사하고 예배드리러 가야죠?"

"아닙니다. 꼭 그렇게 안 하셔도 됩니다. 편하게 생각하세요."

내가 이렇게 답하면 돌아오는 반응은 거의 이렇다.

"아니요, 괜찮습니다. 지청장님."

그렇게 해서 다음 주 수요일에도, 그 다음 주 수요일에도 점점 더 사 람이 많이 모였다.

이상하게 시작된 동업

한 달 남짓 한 기간 동안 내가 교회 서점에서 개인적으로 산 성경이 1백 권이 넘었다.

'야, 이러다가는 살림이 거덜 나겠다.'

성경 구입에 들어가는 돈이 생각보다 만만치가 않았다.

"하나님, 어떻게 할까요? 성경을 더 많이 나누고 싶은데, 성경을 많이 주십시오."

나는 이 기도가 내게 뭘 달라는 기도, 나의 유익을 구한 육적인 기도가 아니라고 생각한다. 어린아이 같은 마음으로 드린 이 기도가 하나님이 보시기에도 합당한 기도였는지 하나님께서 즉시 응답해주셨다.

> 그런즉 너희는 먼저 그의 나라와 그의 의를 구하라 그리하면 이 모든 것을 너희에게 더하시리라 마 6:33

어느 날 그 지역의 기독교대학 장종현 총장이 검찰청을 방문했다. 사실 나는 전혀 모르는 분이었다. 그러더니 다짜고짜 이렇게 말했다.

"청장님, 제가 소문을 다 듣고 왔습니다. 저는 사실 학교 설립한다고 전도도 잘 못했습니다. 제가 목사 안수 받은 사람인데 하나님 앞에 너무 부끄럽습니다. 청장님, 저하고 동업하시죠!"

"동업이요?"

나는 이분이 도대체 무슨 말을 하나 싶으면서도 무슨 마음이었는지

"뭐 그러시죠"라고 선뜻 대답했다. 그러자 이런 말을 들려주셨다.

"제가 사실은 성경을 한 트럭 가져왔습니다."

나는 깜짝 놀랐다. 갑자기 두려워졌다.

"몇 권이나 됩니까?"

"2천 권 정도 됩니다."

그가 따라온 사람들에게 얼른 성경을 옮기라고 지시했다.

"제 동업 조건은 다른 것이 아닙니다. 이 성경을 가지고 전도하시고 그중에 일부는 제가 전도했다고 하나님께 기도해주시는 겁니다."

그러고는 회심의 미소를 지으며 돌아가셨다.

결국 내 사무실에 성경 박스가 높이 쌓였다. 큰일이었다. 이러다 직원들이 다 볼 텐데, 이 많은 성경을 다 어떻게 해야 하는지, 판이 커지고 일에 가속도가 붙어버렸다.

세상의 유통업자는 상품을 싸게 사서 마진을 남기고 비싸게 소비자에게 되판다. 하지만 이제부터 내가 하게 될 일은 값없이 받은 영적 양식인 하나님의 말씀을 값없이 나누어주는 복음의 유통자가 되는 일이었다. 하나님의 말씀을 세상에 유통시켜 수많은 영혼들을 교회로 인도하는 사명의 서막이 올랐다는 것을 그때는 미처 몰랐다.

검찰청 밖으로 가다

나는 먼저 성경을 직원들에게 나누어주었다. 직원들과 간담회를 하고 차를 마신 후에도 성경을 선물했다. 막상 성경이 많이 생기니까 이 많은 성경을 어디로 가져가야 할지 고민스러웠다.

"하나님, 제가 어떻게 하면 좋겠습니까?"

그러자 사람들이 많이 모인 곳으로 가서 간담회도 하고 성경도 나누면 좋겠다는 마음을 주셨다. 검찰청 안에서 밖으로 눈을 돌려보았다. 그러고 보니 천안에 대학과 공장이 많다는 점을 주목하게 되었다. 당시 천안은 인구가 점점 늘어나고 있었다. 서울경기 지역보다 세금 감면 혜택이 많아 공장과 대학 캠퍼스와 행정기관 등이 천안으로 옮겨왔기 때문이다. 나는 사람들이 많은 대학으로 공장으로 가야겠다고 마음먹었다.

천안검찰청의 관할 시청을 필두로 나는 경찰서와 교육청, 대학과 공장 등을 방문했다. 갈 때마다 김경호 형제와 같이 갔다. 차 트렁크에는 항상 성경이 가득 실려 있었다. 내가 김경호 형제에게 사인을 하면 그가 성경 박스를 어깨에 둘러메고 뛰어왔다.

업무상 방문 목적을 마친 다음에는 항상 사람들을 불러서 성경을 선물했다. 한번은 한 대학교에 방문하여 교수 학생 간담회를 마친 뒤 간단히 예배를 드린 적이 있는데, 그때 그 대학 학생회장이 내게 이렇게 말했다.

"지청장님, 매주 수요일에 여러 분들과 식사를 하고 예배드리러 가신다고 들었는데 저도 가도 됩니까?"

감사하신 하나님께서 좋은 분위기를 만들어주셨다.

"참 감사한 일입니다. 그러면 이 자리에 참석한 분들을 제가 다 초청하도록 하지요."

수요일에 모이는 인원이 더 많아졌다.

공장을 방문해보니 이미 소문이 나서 내가 오면 간담회도 하고 예배도 드리는 줄 알았다. 참 희한했다. 나중에는 굳이 예배를 드리자는 말을 안 해도 내가 가면 당연히 예배를 드린다고 생각했다. 나는 이 점이 중요하다고 생각한다. 우리가 세상 속에서 세상의 관념에 물드는 것처럼 사람들은 '내가 있는 곳에서는 항상 예배를 드린다!'라는 관념에 물들어갔다.

한번은 격려차 방문한 어느 부처 대강당에 많은 수의 직원들이 한꺼번에 모여 있어서 깜짝 놀란 적이 있었다. 그렇게 많이 모여 있을 줄 몰라 급히 김경호 형제에게 성경을 더 가져오라고 했다. 사람이 하도 많아 성경책에 이름을 일일이 써주지 못했다. 순간 덜컥 겁도 났다. 모인 사람이 많다보면 혹 뒤에서 반발한다든가, 불만의 소리가 나올 수 있기 때문이다.

하나님의 전도자를 세우는 한 가지 일

처음 천안에 내려왔을 때 나는 검찰청 바로 뒤에 있는 지청장 관사(官舍)에서 지냈다. 주중에는 나 혼자서 생활하기 때문에 아침 식사할 곳이 마땅치가 않았다.

하루는 태조산에서 아침 등산을 하고 내려오다가 관사 근처에서 아주 작은 식당 하나를 발견했다. 가정식 백반을 깔끔하게 잘하기에 이제부터 식사를 거기서 해결하기로 했다. 일주일 정도 매일 그곳에서 식사를 하다보니 자연스럽게 주인아주머니와 대화를 나누게 되었다. 이분이 서울에서 식당을 크게 했는데 투자를 잘못하는 바람에 그만 아무 연고도 없는 천안에 내려와 다시 작은 식당을 시작했다는 것이다.

나는 이 식당에서 직원들과 자주 식사도 하고 정기적으로 회식도 하고 여러 사람들에게 이 식당을 많이 추천했다. 그러다보니 두세 달 만에 식당이 꽤 자리를 잡았다. 그런데 수요일만 되면 내가 직원들이나 마을 유지들과 함께 식사를 하고 또 다 같이 어디론가 가니까 어디를 가는지 궁금했던 모양이다. 하루는 주인아주머니가 내게 어디에 가느냐고 물었다. 그래서 내가 "같이 신앙생활 해보시겠어요?"라고 이야기를 꺼내며 복음을 전하자 감사하게도 이분이 바로 받아들였다.

얼마 후, 정부 방침에 따라 내가 지내던 검찰청 지청장 관사와 법원의 지원장 관사를 팔고 아파트로 들어가게 되었다. 그런데 식당 주인아주머니가 그 관사 자리에 큰 식당을 내기 위해 은행 대출을 받아 관사를 구입한 다음 서울의 온 가족을 불러 모아서 다시 식당을 일으켰다. 그 후에 이분이 복을 많이 받았다. 신앙생활도 잘하고 식당에 오는 손님들을 전도하는 사람이 된 것이다. 그 식당은 지금 천안에서 유명한 한정식 식당이 되었다.

담대한 한 걸음

1999년 가을, 수요일에 모이는 사람들이 늘어나면서 나는 여러 기관이 다 같이 교회에서 모이는 집회를 기획해보았다. 천안중앙감리교회에서 장소와 식사를 제공해주기로 했다. 기관장들의 반응이 다소 소극적이기는 했지만 감사하게도 700여 명이나 되는 많은 사람들이 자진해서 참석해주었다. 이듬해 봄에는 천안에서 가장 큰 천안중앙장로교회에서 모였다. 1,500명 수용 가능한 규모의 예배당에 1,200명분의 식사를 준비했는데 2,000여 명이나 참석해서 미처 들어가지 못한 사람들이 예배당 바깥에 모이는 진풍경이 연출되었다. 식사 역시 2차분을 더 준비하여 대접했다. 그 교회 창립 이래 사람들이 최고로 많이 모였다고 한다. 급하게 다시 밥을 지으면서도 기뻐하며 찬송을 부르던 여러 교인들의 얼굴이 지금도 눈에 선하다.

첫 번째 연합집회를 성황리에 마치고 나서 스님 두 분이 검찰청으로 나를 찾아왔다. 경비실로부터 미리 연락을 받고 기다리면서 나는 잠시 생각에 잠겼다.

'스님들이 무슨 일로 나를 찾아왔지? 아, 항의하러 왔구나!'

두 분에게 차를 대접했지만 차를 마시지도 않고, 얼굴까지 상기된 한 스님이 먼저 내게 말했다.

"왜 그 좋은 모임에 우리 불교계는 초대 안 했습니까?"

"무슨 말씀이십니까?"

"연락이 안 와서 섭섭했습니다."

나는 어안이 벙벙했다. 스님은 그런 집회를 한 번 더하면 우리도 꼭 참석할 테니 연락을 달라고 했다. 나는 기쁘기도 하면서 한편으로 기분이 참 묘했다.

그래서 내가 웃으며 말했다.

"그럼 제가 절로 갈까요?"

"그럼 더 좋죠."

"네, 스님. 제가 절로, 절로 가겠습니다."

그 다음 주에 나는 절을 찾아갔다. 동절기에는 오후 5시까지 근무하는데 근무를 마치고 절에 도착하니 이미 날이 어두워졌다. 공식적인 간담회를 마친 뒤 저녁상을 받고 식사를 하기 전에 내가 말했다.

"스님, 저는 기도하고 먹는데요."

그랬더니 주지스님도 기도를 하라고 했다. 그런데 기도를 하면서 어떤 감동이 왔다.

'이곳이 비록 절이지만 스님들에게 하나님과 하나님의 말씀에 대해 증거해보는 것은 어떨까?'

나는 주지스님에게 말했다.

"스님, 식사를 마치고 여러 스님들과 함께 차를 마시면서 이야기하는 시간을 좀 더 가져도 되겠습니까?"

주지스님이 이를 허락하자마자 나는 김경호 형제에게 삐삐(무선호출기)를 쳤다. 어둠을 헤치고 곧 김경호 형제가 성경 박스를 메고 나타났다. 그가 성경 박스를 내려놓자 나는 자리에 모인 스님들에게 성경을 선물했다. 그리고 요한복음 1장 1절과 14절로 말씀이신 하나님을 소개했다. 지금 우리 눈에 보이지 않지만 하나님께서는 성경을 통해서 온 인류에게 말씀하고 계시다고, 성경이 바로 하나님의 편지라고 소개했다.

더불어서 스님들이 좋아할 만한 성경 구절도 찾아 읽었다.

그 작은 자가 천 명을 이루겠고 그 약한 자가 강국을 이룰 것이라 때가 되면 나 여호와가 속히 이루리라 사 60:22

사랑하는 자들아 주께는 하루가 천 년 같고 천 년이 하루 같다는 이 한 가지를 잊지 말라 벧후 3:8

서로 교제를 나누며 얼마간 시간이 흐르자 스님들도 마음이 한층 부드러워져서 나를 환대해주었다. 지청장인 내가 절을 거리끼지 않으며 선대한다는 데 좋은 인상을 받은 것 같았다.

하나님의 말씀은 살았고 힘 있는 간증이다

다음 날 출근해보니 다른 절에서도 전화가 많이 와 있었다. 또 소문이 퍼졌다. 그 지역의 검찰 책임자로서 관할 지역에 소재해 있는 절을 업무상 방문하는 것이 이상할 것이 없다고 본다면 이상하지 않다. 반대로 당신은 교인이고 우리는 교인이 아닌데 왜 그러느냐고 하면 그것도 말이 된다. 하지만 나처럼 행동하니까 사람들이 다른 이유를 달지 않았다. 참 놀라웠다.

나 역시 '아, 하나님이 이 자리를 사용하시는구나'라고 생각했다. 그런데 만약 내가 딱딱하게 폼 잡고 거만하게 군다면 아무 일도 안 된다. 겸손하고 부드럽게 정말 그들을 사랑하는 마음으로 하기 때문에 받아들여지는 것이다. 그때 복음이 무엇인지 다시 한번 깨달았다. 약한 것 같으면서 강하고, 약함 속에 강함이 있다. 사람들은 보통 강하게 이야기하면 거부한다. 그렇지만 부드럽게 이야기하고 비굴하다 싶을 만큼 겸손하게 말하면 많은 사람들이 받아들인다.

또 사역의 현장에서 성경이 어떻게 적용되는지 직접 보고 들으면서 나는 말씀 한마디 한마디가 얼마나 귀한지 깨달았다.

하나님의 말씀은 살아 있고 활력이 있어 좌우에 날선 어떤 검보다도 예리하여 혼과 영과 및 관절과 골수를 찔러 쪼개기까지 하며 또 마음의 생각과 뜻을 판단하나니 히 4:12

성경은 모든 사람의 마음을 감찰하고 그 마음을 움직인다. 우리는 평소 당연히 성경을 읽고 성경대로 살아야 한다고 여긴다. 그런데 내가 실제로 경험한 간증이란 바로 이런 것이었다. 말씀이 삶의 현장에 구체적으로 꽂히고, 그 말씀이 심령을 뒤집고, 마음의 생각을 감찰하고, 바꾸고, 움직이는 것, 이것을 직접 이야기하는 것, 그러니까 내가 한 것이 아니요, 말씀이신 하나님께서, 즉 말씀이 우리의 입을 통해 우리의 행함을 통해 그렇게 하신 것이 나타나는 것, 나는 이것이야말로 '간증'이라고 고백할 수 있다.

어렵더라도 일단 우리가 걸음을 떼면 성령께서 더 강력히 역사해주신다. 나는 이것을 직접 경험했다.

검사의 직을 주신 뜻

내가 천안에 부임한 지 6개월쯤 되었을 때 검찰청 별관을 준공했다. 이때 천안중앙감리교회 목사의 인도로 원하는 직원들과 함께 별관준공 감사예배를 드렸다.

그동안 나는 나의 검사라는 직(職)이 하나님과 상관이 없다고 생각해왔다. 그런데 밀접한 연관이 있으며 또 어떠한 직업도 하나님과 깊은 관계가 있음을 실제로 깨달았다. 다만 사탄이 우리 눈을 가려서 그것을 보지 못하게 한 것뿐이다. 그렇지만 하나님께서 우리 눈을 열어주시고 우리가 성령으로 충만하면, 내가 있는 이 자리와 직업이 하나님께 영광을 돌리기에 얼마나 좋은 자리인지 깨닫게 된다. 내 자리와 직업을 나만의 유익을 위해 사용하지 않고 하나님의 나라와 하나님의 영광을 위해 사용할 때 어떤 폭발적인 역사가 일어나는지 체험했다. 정말 놀랍다. 그러니까 어떤 직업이라도 그 직을 수행하는 하나님의 사람이 자신의 직업을 하나님이 보시는 관점에서 생각하느냐 안 하느냐가 중요하다.

히브리 노예였던 요셉이 애굽의 총리가 되어 애굽을 구원하고, 애굽의 바로가 요셉이 믿는 하나님을 찬미하게 된 것을 보라. 요셉은 애굽의 총리가 되기까지 엄청난 고난을 겪었다. 그가 겪은 고난의 의미가 무엇일까? 그가 애굽의 총리가 된 것을 생각해보라. 막상 그런 자리에 오르면 보통 자신의 유익을 위해 그 자리를 사용하게 된다. 하지만 자신과 자신의 가문을 위해 그 자리를 사용하는 것이 아니라 하나님의 영광을 위해 사용하도록 하기 위해 하나님께서 그에게 고난을 주신 것이다. 고난 속에서 겸손으로 다져져 그 자리가 하나님께서 주신 자리임을 자각하는 것이다.

검사라는 자리가 특별히 하나님께서 점찍으신 매우 특별한 직업은 아니다. 하지만 검사란, 특히 우리나라에서 검찰이란 상당히 영향력 있는 기관이다. 그렇기 때문에 더욱이 그런 기관의 책임자가 자신을 낮추고, 다른 사람들을 섬기고, 자신이 믿는 하나님을 드러낸다면 많은 사람들이 그 사람이 믿는 하나님께 영광을 돌리는 일이 가능하겠다는 감동이 온다.

하나님께서 나에게 검사의 자리를 맡기신 이유가 무엇일까? 행정고시가 아니라 사법고시를 보고, 판사가 아니라 검사가 되어 하나님의 일을 더 강력하게, 더 광범위하게 하기 원하시는 하나님의 계획이 있었던 것이다. 그것을 깨닫게 되니 정말 감사해서 이제부터 하나님께서 주신 이 자리에서 하나님의 영광을 위해 충성해야겠다고 결심했다. 그렇게 해보니까 천안의 대학, 공장, 경찰서, 시청, 교육청, 병무청,

사찰 등 내가 업무적으로 방문하는 곳마다 나의 자리를 사용하셔서 하나님이 일하셨다. 또 기관연합이라는 집회를 통해 믿지 않는 수많은 사람들에게 하나님을 소개하도록 역사해주셨다.

나는 검사라는 자리가 그 자체로 힘이 있다는 것은 의미가 없다고 생각한다. 하나님의 영광을 위해 쓰임 받고 하나님의 영광을 드러내기에 아주 좋은 자리를 하나님께서 내게 주셨다고 생각한다. 어떤 자리라고 하더라도 그 자리가 하나님의 영광을 위해 어떻게 사용될 수 있을지 기도하면서, 실제로 하나님의 영광을 위해서 아주 작은 일부터 겸손하게 그 자리를 사용해본다면 하나님께서는 그보다 더 큰 일을 할 수 있는 자리도 주신다. 나는 이것을 확신한다.

chapter 04

혼자 믿지 말고
몽땅 믿자

하나님의 유턴

"네. 잘 알겠습니다."

나는 어떤 변명도 하지 않고 순순히 대답했다. 천안에 있을 때 내가 한 일에 대하여 불평 섞인 소문이 법무부 장관의 귀에까지 들어간 모양이다. 어느 날 법무부 장관으로부터 직접 전화가 왔다.

"자네, 처신을 왜 그리 했나? 이번에 더 좋은 자리로 갈 수 없겠네. 나도 어쩔 수가 없어."

나는 천안에서 열심히 일할 수 있게 해주신 하나님의 은혜에 감사할 뿐이었다. 이미 나의 자리를 하나님 앞에 내려놓았으니 어떤 자리라도 하나님이 주시는 대로 감사히 받겠다고 결심했다. 나는 서울고등검찰청으로 자리를 옮겼는데 서울고검은 엄밀히 말해서 한직(閑職)이었다. 그래도 나는 낙심하지 않았다.

'하나님께서 맡기신 이 자리에서 제가 해야 할 새로운 일이 또 준비되어 있을 줄을 믿습니다!'

2000년 7월 서울고검으로 발령을 받았고 아내와 함께 여름휴가를 보내기 위해 미국으로 갔다. 그동안 천안에 있으면서 휴가 한 번 못 가고 열심히 일만 했기 때문에 모처럼 맞는 휴식이었다. 그런데 미국에 도착한 지 이틀 만에 딸 사랑이에게서 전화가 왔다. 법무부 장관 할아버지로부터 빨리 전화해달라고 연락이 왔다는 것이다. 전화를 해보니 제주지검 차장검사로 발령이 났으니 빨리 들어오라고 하는 것이 아닌가. 정말 기적 같은 일이었다.

내가 제주지검 차장검사로 가게 된 데는 두 가지 이유가 있었다. 하나는 법무부 장관께서 내가 서울지검 특수부 검사로 있을 때 열심히 일하는 나의 모습을 좋게 평가해주었다는 점이다. 하지만 참모들이 자꾸 불만을 제기하니까 일단 서울고검으로 발령을 내놓고 기회를 보고 계셨던 것이다.

그런데 제주지검 차장검사로 발령이 난 검사가 고소공포증이 있었다. 평소 "제주 외에는 어디라도 좋습니다"라고 말하곤 했다는데 덜컥 제주로 발령이 난 것이다. 비행기를 탈 수 없었던 그가 결국 사표를 제출했고, 법무부 장관께서 공석(空席)이 된 제주지검 차장 자리에 나를 발령 낸 것이다.

참 놀라운 일이었다. 사람이 한 일이라고 할 수 없었다. 인사 발령이 일주일 만에 번복되는 일이 어디 쉬운가. 나는 하나님께서 내게 기회를 주시기 위해 인도하셨다는 감동을 받고 미국에 간 지 삼 일 만에 돌아와 제주도에 부임했다.

제주 특성에 맞는 맞춤 전도

제주지검 차장검사는 매우 실질적인 권한이 있는 자리였지만, 그 위에 기관장이 계셨기 때문에 하나님의 일을 하려면 더 지혜롭게 할 필요가 있었다. 하지만 나는 이미 천안에서 다양한 사역을 경험하며 훈련을 받았기 때문에 나름의 노하우가 있었다. 하나님의 일을 기대하는 마음으로 제주에서 어떻게 해야 할지 고민하며 하나님 앞에 기도하기 시작했다.

제주의 특성은 천안과는 또 달랐다. 제주는 유명 관광지로 육지에서 오는 사람들이 매우 많다. 제주로 들어오는 것을 입도(入島)요 나가는 것을 출도(出島)라고 한다. 또 미신이 많아서 기도가 특별히 많이 필요하다. 지금도 비슷하지만 당시에는 제주도로 들어오려는 사람들이 많아 비행기와 호텔을 잡는 것이 무척 힘들었다. 특히 주말에 비행기 좌석과 호텔을 구하는 것은 하늘의 별 따기였다.

나는 육지에서 제주로 들어오는 사람들로부터 연락을 받으면 비행기 좌석도 구해주고 호텔도 구해주었다. 주말을 끼고 2박 3일이든 3박 4일이든 일정 동안 잘하는 식당도 알려주고 예약도 도와주었다. 나는 주일 아침에 비행기를 타고 서울에 올라와서 예배를 드리고 저녁이면 다시 제주로 내려와 그 분들을 보살폈다. 그들이 일정을 마치고 제주를 떠날 때 나는 공항에 나가 직접 배웅하며 성경책을 선물했다. 내가 바라는 건 오직 하나였다. 사람들은 여기에서 무척 감동을 받는다.

아주 높은 분이 아닌 이상 차장검사가 직접 공항에까지 나가 영접하는 일은 거의 없다. 하지만 나는 전도하는 마음으로 꼭 공항에 나가 성경책을 건네면서 복음을 전했다. 차장검사라는 사람이 자신들이 원하는 것, 필요한 것을 모두 제공해주고 바라는 것이 밥을 사달라는 것도 아니요 돈을 달라는 것도 아니요 딱 하나, 성경책을 주면서 부디 돌아가거든 그 지역 교회에 나가 예배드리고 하나님을 꼭 만났으면 좋겠다고 당부하니 대부분 사람들의 마음이 움직이고 그 부탁을 귀담아 듣더라는 것이다. 나는 그런 방법으로 한동안 제주로 들어오는 사람들을 대상으로 전도해나갔다.

제주의 동역 사역

하나님께서는 그곳에서도 귀한 동역자를 붙여주셨다. 김수웅 장로(한국기독실업인회 회장)라고 '소금장로'라는 별칭으로 유명한 분이시다. 이분이 원래 이북 분으로 서해안에서 염전 사업을 크게 하셨고, 국내외의 많은 교회 건축을 크게 도운 분인데, 이후에 부인의 건강이 안 좋아지시는 바람에 제주도에 내려와 살게 되었다. 김 장로께서 전용태 장로(홀리클럽 전국회장)의 소개로 나를 찾아오셨다.

이분이 나에게 하소연하기를 자신이 평소 교제하고 있는 분들이 많은데, 하나님을 전하려고 해도 자신의 말이 먹히지 않아 전도가 어려우니 차장검사가 좀 도와주면 좋겠다고 부탁하시는 것이다. 그래서 김 장로가 사람들을 불러 모으면 나는 가서 전도하고, 그렇게 동역이 이루어지기 시작했다.

내가 현직 차장검사라고 하니까 많은 사람들이 내게 관심을 보여주었다. 호텔이나 식당에 사람들이 모이면 나는 그 자리에 모인 분들부터 식당 종업원 한 사람에 이르기까지 모두 성경을 나눠주면서 전도했다. 내가 생각해도 차장검사 체면이 서지 않는 모습이었다. 하지만 성령님께 사로잡히니 체면이고 위엄이고 하는 것들은 모두 뒷전이 되었다. 그렇게 김수웅 장로가 사람을 모으고, 나는 가서 전도하고, 또 여러 분들로부터 성경을 공급받아 동역하다보니 전도가 많이 이루어졌다. 거기에 당시 국민일보 제주 지사장 남병곤 장로(마사회 제주본부장)까지 가세, 여러 지인들을 초대하여 일일이 전도하면서 사역의 규모가 커졌다.

사건 역시 전도에 힘쓰는 기회로

제주도에 어느 골프장 건설이 한창 추진 중이었는데, 주민들의 반대로 난항을 겪게 되었다. 그러나 나는 제주의 발전을 위해서라도 그 골프 클럽이 개장될 필요가 있다고 판단했다. 그래서 내가 직접 나서서 주민들을 설득하고 회사 관계자와 주민 사이에 문제의 합의를 이

끌어내어 결국 골프 클럽이 오픈할 수 있도록 도왔다. 양측을 설득하는 과정에서 나는 신뢰를 이끌어내기 위해 애썼다. 나에게 어떤 일이 주어지든지 간에 그 기회가 전도할 수 있는 기회가 되도록 하려면 서로 화합하고 사랑하도록 이끌어야 한다.

또 하나 기억에 남는 사건이 있다. 그 당시 제주에 있는 호텔에서 제주산 옥돔이 아니라 중국산을 쓰고 있다는 소문이 있어서 조사에 착수했다. 제주도의 유명 호텔들을 중심으로 실제 사용하는 옥돔을 수거하여 감정하고 내사해보니, 한 호텔을 제외하고 다 중국산을 제주산 옥돔으로 둔갑해서 쓰는 것이 아닌가. 사람들이 제주에 와서 호텔을 찾았을 때는 진짜 제주 옥돔을 먹을 수 있겠다는 기대감이 있었을 텐데, 가짜를 써서는 안 된다. 소비자의 신뢰를 무너뜨리는 그 행위를 간과할 수 없어 조사 결과를 바탕으로 단속에 들어갔다. 이때 이 사건을 함께 처리한 믿음의 검사 동역자도 있었다.

이 사건이 제주신문에 보도되면서 제주 수산업자들이 무척 기뻐했다. 그 후에 제주 수산업 협동조합 임원들이 인사차 나를 찾아왔지만 나는 그 분들에게 도리어 식사를 대접했고 그 뒤 전도에 힘썼다.

제주의 열매

제주는 섬이라서 지역적으로 텃세가 심한 편이다. 내가 만난 외과 의사 김 원장도 지역적인 텃세의 피해자 중 한 사람이었다. 그가 별다른 잘못을 한 일이 없는데도 육지에서 건너온 의사라고 경찰서, 검찰청, 세무서에 투서하는 일이 많았다. 나는 그를 도울 방법이 없는지 알아보고 그 일이 원만하고 정당히 처리되도록 노력했다.

그 뒤 어느 정도 자연스럽게 교제를 나누다가 한번은 내가 그 분에게 꼭 예수를 믿으라고 당부했다. 내가 바라는 일은 그것뿐이라고 강조했다. 그러자 김 원장이 내게 말했다.

"저 혼자 믿을까요? 아니면 직원들 몽땅 믿을까요?"

나는 몽땅 믿으면 더 좋고 김 원장 혼자 믿어도 좋은데 아무쪼록 내가 제주를 떠나더라도 신앙생활을 잘 했으면 좋겠다고 간절한 마음으로 부탁했다. 그 뒤에 김 원장에 관한 놀라운 소식이 들려왔는데, 그의 병원이 지금은 제주에서 큰 병원으로 발전했고, 병원의 의사와 간호사들과 함께 주일마다 신앙생활을 잘하고 있다고 한다.

동향 친구 전도 1호

제주에서 1년여를 보내고 2001년 여름 나는 부산지검 2차장검사로 부임하게 되었다. 부산은 항구도시이기 때문에 제주 못지않게 미신이 많았다.

나는 부산에서 믿음의 동역자를 만났다. 믿음의 검사와 함께 검찰청에 신우회를 구성하고, 숨어 있는 그리스도인들을 찾아내 신우회에 참석하도록 유도하고 전도도 하면서 신우회 운영과 활성화에 주력했다.

그때 검찰청 근처에 있는 교회와 연결이 되면서 그 교회로 새벽예배도 나가고, 담임목사를 신우회에 초청하기도 했다. 그 교회에서 내가 특별간증집회를 하게 되었을 때에는 검찰청 식구들을 최대한 많이 초청해서 그것을 전도의 기회로 활용하기도 했다.

내 고향은 경남 합천이다. 평소 경남하고도 합천, 특히 내가 자라난 합천군 삼가면은 나의 전도 대상지이며, 그곳 사람들은 모두 나의 전도 대상자였다. 그렇기 때문에 내가 부산에서 근무하는 동안 나는 고향의 친인척들과 동문을 전도하는 일에 특별히 신경을 많이 썼다.

내가 실로 몸으로는 떠나 있으나 영으로는 함께 있어서 고전 5:3

지속적인 관심과 사랑, 기도와 배려로 모든 초점을 그들의 영혼을 구원하는 일에 맞추는 것이다. 하지만 모든 사람을 한꺼번에 다 전도할 수는 없다. 먼저 몇몇 사람들을 우선 전도하여 그들을 통해 다시 전도하는 것이 효과적이다.

마침 고향 친구이자 초등학교 동창이 그 당시 면사무소의 계장으로 있었는데 군청에서 근무하게 되기를 매우 희망한다는 말을 들었다. 사실 면사무소에서 군청으로 가는 것은 결코 쉬운 일이 아니다. 하지만 나는 그 이야기를 듣는 순간, '아, 내가 고향 사람들을 전도하는 첫 관문으로 그를 위해서 기도해야겠다'고 생각했다.

나는 그 친구가 군청에서 일할 수 있게 해달라고 계속해서 간절히 기도했다. 결국 하나님이 길을 열어주셔서 그가 군청에서 일하게 되었다. 그는 내가 당부한 대로 본인과 가족 모두 예수님을 영접하고 교회에 나가는 것은 물론 고향 사람들을 많이 전도하고 있다. 시골에서는 주사나 군청 직원도 영향력이 있어서 그도 영향력을 십분 발휘하여 고향 사람들에게 하나님을 더 많이 전하는 기회로 삼고 있다.

전도자 심어두기

나는 부산에서 중고등학교를 나와서 부산에 중고등학교 동기들, 동창들이 매우 많다. 또 합천군 삼가면 고향 사람들과 김녕 김 씨 종친들도 부산에 많이 살았다. 이렇게 동창들, 향우들, 종친 등 지인들이 부산에 많다보니 전도도 더 많이 하게 되고 열매 또한 많이 거둘 수 있었다.

내가 부산지검 차장검사로 가자 바로 종친회에서 연락이 왔다. 그렇지만 내가 종친회 어른들에게 직접, 그것도 바로 전도하는 것은 그다지 효과를 보기 어렵다고 판단되었다. 나는 김녕 김 씨 종친회 부녀회장으로 있는 김정애 씨를 유심히 살펴보았다. 그 부녀회장이 매우 적극적이고 부지런히 종친회를 섬기고 있었기 때문이다.

그래서 나는 먼저 김정애 씨를 전도하는 것이 좋겠다고 생각했다. 일단 만났을 때 인사를 나누고 전화번호를 교환한 다음 가끔 전화를 했다. 물론 종친회 모임이 있을 때마다 나가서 친분을 쌓았다. 그렇게 세 번 정도 만났을 때 내가 김정애 씨에게 성경책을 건네며 교회에 같이 가보지 않겠느냐고 권했다. 그래서 내가 수요일마다 예배를 드리던 교회에 함께 가게 되었다. 그런데 이분이 얼마나 울면서 예배를 드리던지, 김정애 씨가 예배의 감격 가운데 하나님을 만난 것이다.

독실한 불교 신자였지만 하나님을 만나고 변화되자 그 후 남편과 자녀들을 교회로 인도하는 것은 물론 스스로 신앙생활을 정말 잘하고 있다. 그는 친척들에게 복음을 전하면서 밀양에 노인전문요양원을 설립하여 노인들을 돌보며 전도하는 전도자의 삶을 살고 있다. 이 소문이 나자 인접한 노인전문요양원까지 위탁 경영을 맡게 되어 지금은 두 곳을 모두 '사랑과 복음의 전당'으로 만들어놓았다.

이분만 해도 '참, 내가 한 것이 아니구나'라는 생각이 절로 들게 만든다. 하나님께서는 이 사람 한 사람을 변화시키기 위해 그 도구로 나를 부산에 보내셨는지도 모른다. 한 사람이 변화되자 김녕 김 씨 종친회의 어른 아이 할 것 없이 모두 그 사람의 전도 대상자가 되었다. 한 사람의 전도자가 세워진다는 것이 얼마나 감사한 일인지 나는 이분을 보면서 깨달았다.

하나님나라에 입성하다!

명절이 되어 이모 댁에 인사를 드리러 방문했다. 그런데 이모가 내게 한 가지 부탁을 했다.

"검사 조카, 내가 부탁이 하나 있어. 우리 아들의 취직에 힘을 써줄 수 없겠나?"

나의 이종사촌도 법대를 나왔지만 고시에 실패한 뒤 은행에 취직했다가 다른 은행으로 옮기고 싶어 했던 것 같다. 내가 이모께 대답했다.

"네. 제가 노력해보겠습니다."

서울에 올라와서 알아보니 다행히 별 무리가 없을 거라는 확답을 들었다. 바로 그때가 중요하다. 잘 될지 안 될지 모를 가장 중요한 순간, 나는 발령 내는 것을 잠시 보류해달라고 하고 곧장 이모 댁으로 내려갔다. 그리고 일이 잘 될 것 같기는 한데 내가 마지막으로 힘을 쓸 수 있도록 나에게 마땅한 동기를 부여해달라고 이모께 말씀드렸다.

"돈이 필요한가? 옷을 사줄까?"

"아닙니다. 제가 바라는 것은 딱 하나입니다. 이모네 가족 모두 돌아오는 주일부터 교회에 나가실 것과 일가친척을 교회로 인도하는 데 힘쓰겠다고 약속해주시면 제가 어떻게든 애를 더 써보겠습니다."

일가의 구원을 위한 일이었기에 나는 조금도 스스럼없이 말했다. 하지만 이모는 난색을 지으신다. 이때 또 한 번의 타이밍이 중요하다. 나는 가방을 들고 바로 방을 나와버렸다. 그러자 이모가 버선발로 좇아 나와 이렇게 말씀하신다.

"검사 조카가 하라는 대로 다 할 테니 좀 도와주게."

그렇게 이모 일가친척 중 많은 사람들이 한꺼번에 하나님나라로 들어오게 되었으니 얼마나 놀라운가. 그들은 지금도 신앙생활을 잘하고 있다.

단동의 전도왕 되다

내 고향 선배 중에 김영희라는 아주 독특한 분이 있다. 이분은 27년

간 불자이자 서울 조계사의 여신도 회장 출신으로 남편과 함께 서울 종로에서 골동품 사업을 크게 하고 있었다. 나는 식사나 한 번 하자고 먼저 전화를 걸었다. 전도하기 위해서는 우선 친해져야 하기 때문이다. 김영희 선배 부부와 만나 여러 이야기를 나누면서 식사를 마칠 때쯤 나는 딱 한마디를 했다.

"선배님, 제 소원 하나만 들어주십시오."

김영희 선배 부부는 의아한 표정으로 물었다.

"소원이 뭔데 그럽니까?"

나는 기도하는 마음으로 내 소원을 이야기했다.

"강동구 명일동에 명성교회라는 교회가 있습니다. 그 앞을 지키고 있는 김 씨 성 가진 교인 한 명이 있는데, 그 사람 좀 만나주십시오! 그것이 저의 소원입니다."

물론 교회 앞을 지키고 서 있는 성전 문지기가 바로 나였다. 이 말을 들은 부부가 곧 대책 회의에 들어갔다. 평소 같으면 귓등으로 들었을 테지만 내가 워낙 간곡히 부탁하니까 한번 들어주고 싶었는지 만나기로 약속을 했다.

약속한 날이 되어 내 앞에 김영희 선배가 나타났다. 나는 신이 나서 "예배당으로 올라가시죠!" 하며 앞장서려고 하는데, 이분이 이를 거절한다.

"김 검사 얼굴을 봤으니 이제 됐지 않습니까? 저는 또 갈 곳이 있습니다."

전도가 실패했다. 뒤돌아서서 가는 김 선배의 뒷모습을 보는데 얼마나 불쌍한 마음이 드는지 하염없이 눈물이 났다. 나는 마치 술에 취한 사람처럼 다리에 힘까지 풀려 비틀거렸다. 그 자리에 주저앉아 통곡하고 싶은 마음이 들었다.

'어쩌면 지금이 저 영혼을 구원할 수 있는 마지막 기회일 텐데…. 이제 저 선배는 어떻게 하나! 저 영혼, 불쌍해서 어떡하나!'

이 생각이 들자 눈물이 그치지 않았다. 그런데 나의 이런 모습을 차 안에 있던 김 선배의 남편이 지켜보고 있었다. 김 선배의 남편이 차로 돌아온 부인의 손을 잡고 도로 내게로 왔다.

"김 검사, 왜 안쓰럽게 이러고 있습니까?"

그 이야기를 듣자 나는 아예 눈물샘이 터졌다. 나도 내가 왜 이렇게 우는지 이해할 수 없었지만 계속해서 눈물이 흘렀다. 이젠 도리어 이 두 사람이 내 오른팔 왼팔을 부축해서 2층 예배당으로 향했다. 오히려 내가 교회로 이끌려 가는 형국이었다. 한 시간 남짓 예배를 드리면서 나는 10분 간격으로 그 분들의 표정을 관찰해보았다. 시간이 흐를수록 두 사람의 얼굴이 평안해지고 은혜가 넘치는 얼굴이 되었다.

예배가 끝나고 김영희 선배가 한마디 했다.

"검사님, 그동안 많은 그리스도인들이 내게 전도를 시도했지만 한 번도 교회에 온 적이 없었는데, 오늘 검사님의 눈물과 비틀거림을 보고 불쌍해서 예배당에 들어왔습니다. 그리고 저희들은 이 한 시간의 예배를 통해서 하나님을 만났습니다."

정말 놀라운 일이었다. 전도하기 위해 애쓰고 수고하며 말씀과 기도로 무장하는 것도 중요하다. 하지만 우리 자신이 불쌍하게 보여서 그들로 하여금 오히려 우리를 인도해 가게 하는 것도 또 하나의 전도가 된다는 생각이 들었다.

실은 다음날 두 사람은 이혼하기 위해 가정법원에 가기로 되어 있었다. 그런데 나와 약속했기 때문에 주일에 교회로 왔고 거기서 하나님을 만났다. 그 시간 이후로 두 사람은 다시는 절에도 못 가고 가정법원에도 못 가게 되었다.

그 후 6개월 동안 김영희 선배 부부는 교회에서 열심히 신앙생활 했다. 그러다가 사업차 중국 단동에 갔는데, 그곳에서 신앙생활을 잘하고 있다는 소식이 들려왔다. 한번은 휴가를 내어 그곳을 방문해보았는데 이분들이 '단동의 전도왕'으로 소문이 나 있었다. 그 분들을 만나 "어떻게 이렇게 전도왕이 되셨습니까?" 하고 물었더니 "장로님 하는 거 보고 그대로 합니다. 어렵지 않던데요?"라고 대답한다. 또 나의 눈물과 비틀거림을 늘 기억하고 있다고 한다.

'저 검사는 무엇 때문에 그렇게 눈물을 흘렸을까? 무엇이 다리의 힘이 풀리도록 그를 상심하게 했을까?'

그 모습이 도저히 잊히지 않았다는 것이다. 그러면서 '하나님이 살아 계시지 않다면 저 검사가 생면부지 남을 위해 저렇게 울 수가 없다'는 것을 깨닫고, 살아 계신 하나님을 경험하고 한 영혼을 지극히 사랑하시는 하나님의 마음을 느끼게 되었다. 부부는 중국의 조선족과 중국인, 무역 거래에 종사하는 북한 동포들을 하나님께로 인도하는 전도자로 사역하고 있다.

전도하면서 절실히 느끼는 것이 있다. 전도는 전도하는 사람이 오히려 더 기쁘다는 것이다. 어렵고 포기하고 싶은 순간이 많더라도 인내하며 그 가정을 위해 기도하면 하나님께서 역사하신다. 우리는 나의 고민과 고난과 어려움만 가지고 울며 기도할 것이 아니라 관점을 바꿔서 죽어가는 영혼을 위해 눈물을 흘리며 기도해야 한다. 그러면 나머지는 하나님이 해주시기 때문이다. 나는 다시 한번 깨달았다. 내 눈에 보이는 한 사람, 내 귀에 들려주시는 한 영혼의 소리야말로 하나님이 내게 주신 사명이라는 것을 말이다.

선포하라

부산에서 있었던 일 중에 김혜영과 관련한 특별한 기억이 있다. 그는 나와 같은 고향 출신으로, 부모들도 서로 잘 아는 이웃이었다. 내가 예수님의 사랑으로 변화된 이후 나는 이 가정을 위해서 계속 기도하고 있었다.

그런데 어느 날 이 가정에 대한 안타까운 소식이 들려왔다. 그의 어머니가 돌아가셨고 부산 시립병원 영안실에 모셨다는 소식이었다. 나는 월요일 아침 일찍 병원 영안실로 찾아갔다. 그런데 그곳에 모인 가족들이 어머니가 돌아가신 것보다도 고인(故人)의 딸인 김혜영이 암에 걸린 것을 더 슬퍼하고 걱정하고 있었다.

그는 그 집의 막내딸로 진해의 한 부잣집으로 시집을 갔는데 친정이 어려울 때마다 물심양면으로 돕던 효심이 지극한 딸이었다. 그런데 그 착한 딸이 후두암에 걸렸다가 설암으로 암이 전이되고 말았다는 것이다. 그때 그는 일산에 있는 국립암센터에 입원해 있었다.

그 이야기를 듣자마자 나는 그 자리에서 이렇게 선포했다.

"김혜영은 살 것입니다. 하나님이 살려주시면 김혜영은 반드시 살 것이고, 암도 다 치유될 것입니다."

물론 내게 그런 감동이 계속해서 밀려왔기 때문이었다. 겁도 없이 그런 선포를 덜컥 해놓은 뒤 나는 그와 그의 가정을 위해서 계속 기도했다.

거침없는 하나님의 일

내가 부산에서 차장검사로 있을 당시 서울에서 인사권을 가진 검찰 간부가 가끔 부산에 내려와 내게 주말에 골프를 치자고 제안했다. 하지만 나는 주말에 서울에 있는 교회에 가야 해서 번번이 이를 거절했다. 그러자 아마 이분 눈 밖에 났는지 그 후 나는 부산에서 다시 서울 고검으로 발령이 났다.

사실 그때는 '하나님께서 왜 이렇게 하시나?' 하고 원망하는 마음이 들기도 했다. 하지만 돌이켜보니 그것도 결국 하나님이 하시는 일의 수순에 들어 있는 일이었다는 생각이 든다. 사람에게 잘 보이거나 밉보이는 것은 하나님의 일에 큰 상관이 없다. 그래도 하나님은 그 일들을 통해 하나님의 일을 하시기 때문이다.

우리가 이와 같이 말함은 사람을 기쁘게 하려 함이 아니요 오직 우리 마음을 감찰하시는 하나님을 기쁘시게 하려 함이라 살전 2:4

'하나님, 이후에는 또 어떤 계획이 있으신가요?'

나는 오히려 기대하는 마음을 품고 서울고검으로 자리를 옮겼다. 그런데 신기하게도 얼마 있다가 나를 제주지검 차장검사로 발령 낸 법무부 장관이 장관직에서 물러났다가 다시 장관으로 왔다. 그리고 나를 일산검찰청 지청장으로 발령을 냈다.

원래 검찰청이 없던 지역에 새로운 검찰청을 신설하는 사역을 내게 맡기시기 위한 하나님의 세밀한 인도하심이었다. 귀한 책임을 맡기시기 전에 일종의 준비 단계를 거치게 하신 것이다.

chapter 05

그리스도의 심장으로
담대히 일하다

사랑의 새 청사

'고향도 아니고, 고양이라니? 대체 거기가 어디야?'

고양 일산 하면 지금은 많이 알려졌지만, 당시엔 생소한 이름이었다. 지도를 찾아보니 '고양시'라는 신도시가 있었다. 본래 고양시와 파주시는 의정부검찰지청 관할이었다. 그런데 관할 범위가 너무 넓어서 관할 지역을 새로 나누고 고양시와 파주시를 관할하는 일산검찰지청을 새로 만들고자 하는 계획이 이미 3년 전부터 확정되어 공사가 진행 중인 상황이었다. 나는 새롭게 만들어지는 서울지검 일산검찰지청의 지청장으로, 최진안 검사가 차장검사로 임명 내정되었다.

2002년 8월에 내정 발표가 있고 그 다음날 나는 최진안 차장검사와 함께 공사 현장으로 가보았다. 가서 보니 정말 기가 막힐 노릇이었다. 몇 년 전에 착공되어 골조만 겨우 서 있는 공사 현장을 보면서 '이걸 언제 다 지어서 개청하고 또 청을 제대로 운영할 수 있을까?' 하는 염려가 일었기 때문이다. 그런데 2003년 3월 1일에는 무조건 개청을 해야 한다고 하니 앞으로 만 6개월 만에 공사를 마쳐야 한다.

검찰청이 없는 지역에 검찰청을 세우라는 명령을 받았으니 어떻게 기도하지 않을 수 있겠는가. 나는 하나님의 뜻이 무엇인지 구했고 그 응답을 받았다.

"검찰청을 하나님의 성전으로 봉헌하라!"

이 놀라운 음성 앞에 나는 처음에는 못한다고 말씀드렸다. 내가 누구라고 그 일을 할 수 있겠는가? 그러자 하나님께서는 침묵으로 일관하셨다. 나는 다시 하나님의 침묵의 의미를 곰곰이 생각해보았다. 그랬더니 그것은 하나님이 이미 내신 말씀을 거두어들이지 않으시겠다는 뜻이라는 감동이 왔다. 그래서 나는 순종하기로 했다. 이미 천안에서 자리를 내려놓았는데, 60만 천안보다 인구가 두 배 이상 많은 일산이랴. 게다가 파주 지역까지 관할하게 되는 검찰청을 신설하는 일이다.

나는 가장 먼저 벽돌을 쌓았다. 그것은 포기하는 벽돌이었다. 즉, 다시 한번 나의 자리를 내놓는 '포기의 벽돌'을 쌓는 것이다. 그러고 나니까 마음에 평강이 오고 담대해졌다. 이어서 나는 다른 벽돌도 쌓았다. 아름다운 검찰청 건물의 완공을 위한 '건축의 벽돌', 영적 승리를 위한 '기도의 벽돌', 직원과 주민들을 오직 하나님의 사랑으로 섬기고

자 하는 '사랑의 벽돌'을 쌓아나가기로 한 것이다. 그 후로 나는 일산에서 하나님이 일으키시는 기적 같은 일들을 많이 만나게 되었다.

"하나님, 저에게 새로운 검찰청 짓는 일을 맡겨주셔서 감사합니다. 대부분의 정부 청사에서 다 돼지머리를 올려놓고 고사를 지낸다고 알고 있습니다. 하지만 저는 이 검찰청을 하나님의 뜻대로 짓기 원하고 준공 감사예배를 드리는 복음의 현장으로 하나님께 바치고 싶습니다. 믿음과 사랑으로 이 일을 할 수 있도록 도와주소서."

갑이 먼저 을에게

건축을 하다보면 계약상 자연히 '갑'과 '을'이 발생한다. 발주자가 갑(甲)이고, 발주를 받아서 공사를 진행하는 쪽이 을(乙)인데, 보통 '을'이 '갑'에게 밥도 사고 술도 산다. 하지만 나는 세상의 방법과는 다르게 해봐야겠다고 생각했다. 그래서 현장사무소장과 감리단장을 만나 내가 식사를 대접하고 공사가 잘 진행될 수 있도록 도와달라고 특별히 부탁했다. 그 후에도 수시로 만나서 일을 상의하며 "우리 공사가 끝까지 잘 되도록 함께 기도합시다"라고 말했더니 이분들이 나를 의아하고 생소하게 쳐다보았다.

어느 토요일, 그 날의 일과를 마치고 내가 두 분에게 물었다.

"혹시 내일 다른 약속이 있으십니까? 다른 약속이 없으시다면 일산에서는 조금 멀지만 제가 다니는 교회로 오셔서 저와 함께 예배드리고 같이 기도하면 어떻겠습니까?"

무척 당황스러운 요청일 수 있는데도 두 분이 선뜻 나의 요청을 수락해주었다. 그동안 내가 따뜻하고 편안하게 대해주었기 때문에 차마 거절하지 못하고 예배에 참석한 것 같다. 그 다음 주에는 혹시 직원들 중에 오실 분이 있으면 함께 왔으면 좋겠다고 했더니 직원들도 데리고 왔다.

그렇게 현장사무소 소장과 감리단장과 그 직원들을 매일 만나면서 우리는 서로 신뢰가 두터워졌다. 내가 하는 말을 절대적으로 신뢰해주었다. 뿐만 아니다. 제발 부실공사는 없어야 한다는 나의 당부에도 성심껏 응해주었기 때문에 공사가 순조롭게 진행되었다. 시간이 흐르면서 이분들이 신앙생활에 잘 적응해가는 것을 보니 내 마음에도 기쁨이 넘쳤다.

복음으로 하나 되기

신축 공사가 마무리되면서 나는 무엇보다 앞으로 함께 근무하는 직원들이 모두 한 마음이 되어야 한다고 생각했다. 나의 집무실에는 여전히 성경이 쌓여 있었다. 나는 직원들을 배려하는 한편 모든 일에 기도와 예배와 전도를 하듯이 겸손히 직원들을 섬기고자 노력했다. 내게서 그리스도의 향기가 뿜어져 나오면 사람들에게 영향을 주고 감동을 줘서 하나님께 큰 영광이 되겠다고 생각했기 때문이다. 일산검찰청의 많은 직원들이 믿음과 사랑으로 동참해주었다.

검찰청 공사가 마무리되면서 건물 내부에 가구와 미술품도 넣어야 하고 주변 조경 공사도 해야 했다. 가구 중에서 소파를 없애고 탁자를 맞췄다. 검찰청 내부에 거는 그림도 이 지역 화가들에게 의뢰했다. 이 과정에서도 많은 분들을 만났는데 일을 하면서 자연스럽고 부드럽게 하나님의 사랑을 전할 수 있었다. 3월 개청 때까지 나는 거의 매주 새로운 분들을 교회로 인도했다. 특히 조경업체 사장은 정말 순수한 분이었는데 본인은 물론 가족과 직원들을 데리고 나왔고 주일마다 다른 분들을 교회로 많이 인도했다.

구내식당을 운영하는 업체를 선정하는 과정에서도 서울에 있는 유수의 대기업을 선정하기보다는 지역 업체를 선정하는 것이 좋겠다고 생각했다. 그런데 업체를 선정하고 보니 사장이 교회 권사였다. 나는 박홍자 사장과 함께 식당에서 일하는 분들에게 성경책을 나눠주고 전도도 열심히 했다.

나는 회식이나 간담회도 구내식당에서 할 때가 많았다. 지청장인 내가 성경책을 나눠주거나 전도를 하면 직원들이 조금은 부담스럽게 생각하기도 한다. 하지만 한 번 두 번 하고 마는 것이 아니라 꾸준히 한 명 한 명에게 관심을 갖고 대하니까 처음에 부담스럽던 마음이 어느새 바뀌는 것을 느꼈다.

어느 날 박홍자 사장이 내게 이런 말을 했다.

"우리 직원들이 지청장님 덕분에 교회에 많이 나가게 되었어요."

계속 지켜보니 '믿음의 지청장은 뭔가 다르구나' 하고 마음을 열게 되고 교회에 나가게 되었다는 말이다. 전도는 우리가 반드시 해야만 하는 하나님의 일이지만, 전도하는 사람이 변화되지 않으면 오히려 안 좋은 영향을 끼칠 수 있다. 전도하는 사람의 진정한 변화가 무엇보다 중요하다. 나의 얼굴 표정과 말투, 행동, 태도가 모두 상대에게 감동과 은혜를 줄 수 있을 때 전도를 해야지 자기 자신을 살피지도 않고 무작정 전도만 한다고 전도가 되는 것은 아니다.

검찰청 아래에는 크게 두 개의 산하단체가 있다. '청소년범죄예방위원회'와 '의료자문위원회'이다. 나는 두 위원회를 책임질 위원장의 자리를 놓고 기도하며 하나님의 뜻을 기다렸다. 이런 자리일수록 귀한 믿음의 사람이 위원장이 되어 함께 뜻을 맞춘다면 청소년범죄예방과 의료자문 활동은 물론 동시에 많은 사람들에게 좋은 영향을 끼칠 수 있겠다고 생각했기 때문이다.

결국 파주에 있는 송학식품의 성호정 회장께서 청소년범죄예방위원회 위원장직을 수락해주셨다. 이때 3백여 명의 범죄예방위원들을 선정했는데, 그들이 검찰청 신우회 모임에 1백 명 이상 정기적으로 참석했다. 또 의료자문위원회 위원장에는 서울대 의대 교수인 국립암센터의 박재갑 원장(현재 국립중앙의료원장)을 세웠다. 이분은 '금연 전도사'로도 유명하다.

감개무량 감사예배

2003년 2월 중순 드디어 일산검찰청 개청을 앞두고 준공 감사예배를 드리게 되었다. 그러나 아무리 내가 하나님께 감사예배를 드리고 싶고, 또 모든 준비가 다 되었더라도 직원들이 동참해주지 않으면 절대 불가능하다. 결코 강요해서도 안 되는 일이다. 어디 검찰청 직원뿐인가. 그간 협력해온 회사들, 범죄예방위원회, 의료자문위원회 위원들, 식당 직원에 이르기까지 모두 마음을 모아야 그것이 진짜 하나님께 영광이 되는 준공 감사예배가 될 거라는 생각에 조금 초조한 마음도 들었다.

감사하게도 준공 개청 감사예배 당일, 전 직원이 한 사람도 빠짐없이 모두 참석해주었다. 뿐만 아니라 스스로 필요한 표찰을 준비하고 안내위원을 맡아 초대한 손님들을 안내했다. 3백 명 이상 수용할 수 있는 일산검찰청 8층 대강당이 사람들로 꽉 찼다. 감격 가운데 무사히 준공 개청 감사예배를 드렸다. 그날 나는 참 많이 울었다.

'어떻게 이런 일이 가능했을까? 어떻게 미천한 나 같은 사람을 사용해주셨을까? 이건 모두 살아 계신 하나님께서 하신 일이다!'

나는 이 일들이 앞으로 관공서 건축에 있어서 기념비적인 선례가 되어 좋은 영향력을 끼치기를 간절히 기도했다.

일산검찰청은 다른 어느 곳보다 내 기억에 많이 남는 곳이다. 무엇보다 하나님께서 내게 새로운 검찰청을 건축하고 개청하는 새 일을 맡겨주셨다는 점에서 나는 무척 감격스러웠다. 이 건축 과정과 새로운 검찰청을 개청하는 과정에서 잘못된 세상의 문화를 바꾸기 위해 얼마나 애썼던가.

이 모든 일은 나 혼자 한 것이 아니다. 최진안 검사, 이백용 과장, 박

문주 수사관, 김영일 수사관, 박수진 실무관 등 좋은 동역자들과 함께 일했다. 하나님께서 모세에게 성막을 만들 것을 명하면서 브살렐과 오홀리압 같은 동역자를 붙여주셔서 하나님의 역사를 이루어갈 수 있도록 도우셨던 것처럼 말이다. 특히 당시 검찰총장의 신뢰와 전폭적인 지원을 생각하면, 하나님께서 이 일을 직접 진두지휘하시고 예비하셨다고 고백하지 않을 수 없다.

일반 국민들이 볼 때 검찰청은 법을 집행하는 무서운 기관이다. 하지만 검찰도 아름다운 사랑의 공동체, 믿음의 공동체가 될 수 있다. 나는 이 확신과 결단과 믿음 위에 하나님께서 역사해주셨음을 굳게 믿는다.

문화를 바꾸다

새로운 검찰청을 건축한 지청장으로 역점을 두고자 한 점이 몇 가지 있다.

첫째, 통상적인 서면 보고서를 하나의 영상물에 담아 대체해보려고 시도한 것이다. 이 영상 보고서가 화제가 되어 그 후로 여러 관공서에서 비슷한 영상물을 제작하기 시작한 것으로 안다. 검찰청 8층 대강당에 있는 영상장치로 짧은 영상물 한 편만 보게 되면 사건 통계와 업무 현황을 조목조목 알 수 있으니 상부에서 어떤 분이 오더라도 이 영상물로 보고를 대신할 수 있었다. 하나님이 주신 생각은 항상 창조적이고 모두에게 기쁨과 만족을 준다.

둘째, 나는 검찰청 건물을 아예 금연 건물로 지정했다. 물론 예상했던 대로 직원들의 반대가 완강했다. 그래서 나는 사전 정지(整地) 작업으로 직원들의 가정에 편지를 보냈다. 가족의 건강을 위해서라도 이번 기회에 다 함께 힘을 합쳐서 남편이 담배를 끊을 수 있도록 돕자고 했더니 부인들이 앞장서서 지지해주었다.

"지청장 하는 일에 반대할 생각하지 말고 당신부터 담배를 끊으세요!"

결국 검찰청 건물을 금연 건물로 지정하는 데 성공했다. 이 아이디어는 검찰청 의료자문위원회 위원장이었던 박재갑 원장에게 얻은 것이다.

셋째, 검찰청을 준공하고 가구를 놓을 때 으레 들여놓던 소파를 없애고 대신 일반 탁자와 의자를 들여놓았다. 소파는 사용하다보면 그다지 편하지도 않고 일하는 공간으로도 적합하지 않다. 그래서 검사실도 사무실도 '응접형' 소파에서 '실무형' 탁자로 개선했다. 검사실과 사무실의 벽을 헐고 조사실 벽을 유리로 바꾸는 등 업무의 효율성과 투명성도 높였다.

넷째, 검찰청 직원들의 의견을 듣기 위해서 일방적인 기관장의 훈시가 되기 쉬운 조회를 자율 조회로 바꿨다. '열린 검찰'을 지향하며 시민들이 검찰청을 어떻게 생각하는지 그 의견을 듣기 위해 시민모니터제, 시민면담보고제, 시민의소리담당관제를 도입했다.

다섯째, 일산검찰청 개청 직전, 검찰청 예산으로 독신 남녀 직원을 위한 독신자 숙소(BOQ)를 지어 직원 복지에 힘썼고 숙소에 성경을 비치했다. 또한 검찰청 내 구치소에도 성경을 비치해두었다.

여섯째, 회식 자리에서 술을 강요하는 잘못된 문화를 지양, 술을 마시지 않고도 즐길 수 있도록 폭탄주 문화 철폐에 앞장서면서 직원들의 건강에도 유념했다.

담을 넘는 복음의 확산력

일산검찰청 내 구치소에 성경찬송가를 넣었더니 수감된 재소자들 사이에 소문이 돌았다.

"우리가 구치소를 빨리 나가려면 지청장한테 잘 보여야 하는데, 이 사람에게 잘 보이려면 이 사람이 넣어주는 성경책도 좀 보고 찬송도 좀 부르는 척하면 된다."

그러자 재소자들이 진짜로 성경을 읽고 찬송을 부르기 시작했다. 나는 구치소를 수시로 돌아본다. 그러니까 비록 시작은 나에게 잘 보여서 조금이라도 빨리 나가고 싶은 마음으로 했겠지만, 정말 성경을 읽고 찬송을 부르다가 또 기도하다가 예수님을 만나는 일이 일어났다. 내가 잘 봐줘서가 아니라 생각지도 않게 일이 잘 풀려서 빨리 나가게 되는 경우도 생겼다. 놀랍지 않은가.

당시 검찰청 내 신우회는 한 달에 한두 번 점심시간에 모였다. 직원들과 범죄예방위원, 의료자문위원, 식당 직원들, 청사 방호원(청사 경비 및 보안을 담당하는 기능직 공무원)까지 참석했다. 점심시간에 구치소 직원들과 재소자들까지 모여서 다 같이 예배드리던 모습이 떠오른다. 나는 지금도 그때의 감격을 잊을 수 없다. 찬송하는 소리, 모두의 기도 소리가 합해져서 하늘에 메아리치는 것 같았다.

선포하기만 하면 그대로 이루어주시는 하나님

일산지청으로 발령을 받은 지 얼마 안 된 어느 수사관이 갑자기 수술을 받게 되었다. 수술을 받기 전 나는 성경책 두 권을 가지고 그가 입원해 있다는 일산의 한 병원을 방문했다.

"수술이 잘 되도록 기도해드리려고 왔습니다."

나의 방문에 그 수사관과 그의 아내가 깜짝 놀라는 눈치였다. 나는 하나님께서 집도해주셔서 수술이 무사히 끝나고 잘 회복될 수 있도록 도와달라고 간절히 기도해주었다. 그가 평안한 마음으로 수술에 임했는데 놀라운 일이 일어났다. 발에 암이 있어서 수술을 하려고 했는데 수술실에 들어가보니 암이 없더라는 것이다.

"이건 기적이에요. 하나님이 치유해주셨어요!"

그와 그의 아내는 하나님께서 치유해주셨음을 확신하며 정말 기뻐했다. 사실 그 수사관의 처남이 선교사라고 한다. 그렇지만 그는 복음이 무엇인지 별 관심이 없었다는 것이다. 그런데 기관장이 병실을 방문해서 성경도 전해주고, 병 낫기를 기도해주고, 그런데도 억지로 교회에 가자고 하지도 않으니 교회에 나가봐야겠다는 것이다. 그리고 그는 지금 도리어 다른 직원들에게 전도하는 사람이 되었다.

한번은 결혼하고 7년 동안 아이가 없던 후배 검사에게 믿음을 가지고 기도하도록 권면하자 정말 놀랍게도 하나님께서 그 가정에 아이를 주셨다. 고향 사람 김혜영의 이야기도 마저 해야 할 것 같다. 부산에서 그의 소식을 듣고 나는 계속 그 가정을 위해 기도했다. 더욱이 일산지청장으로 부임했으니 일산 국립암센터에서 치료 중이라는 김혜영에게 하나님의 사랑을 전하지 않을 수 없었다. 그러자 암이 전이되어 병원에서 포기한 그도 소망을 품게 되었다. 하나님께서는 그에게 놀라운 사랑을 베풀어주셨다. 암이 완치된 것은 물론 그 일로 그녀의 남편과 아들, 친정과 시댁 식구까지 믿음을 갖게 된 것이다. 정말 믿고 선포하기만 하면 전능하신 하나님께서 모든 일을 다 알아서 해주신다. 그러니까 전도가 된다. 그래서 전도가 전혀 힘들지 않았다.

나의 전도 3원칙

1. 예수 그리스도의 사랑으로

나는 일산에서도 참 많이 다녔다. 고아원, 양로원, 학교 등 어디든 자청해서 다니곤 했다. 관내에 있는 학교, 파출소, 대학교, 교육청, 시청 등 갈 수 있는 곳은 어디든 다 다녔다. 보통은 지청장이 이런 곳에 나갈 일이 별로 없다. 그런데 직접 다녀보면 "이 지청장 참 특이하다"고 생각하고 반기고 신뢰해준다.

나는 성경을 전달하고 함께 식사하고 대화를 나누는 일에 힘썼다.

만난 분들을 다시 검찰청으로 초청하여 함께 식사하고 교제를 나누며 사랑이 자연스럽게 전해지도록 주의를 기울인다. 하나님의 사랑은 바로 전하는 것도 중요하지만 은근히 스며들게 하는 것이 중요하기 때문이다.

내가 지청장이면서도 어렵게 밖으로 많이 다닌 것은 복음을 전하기 위해서만은 아니다. 전도보다 더 큰 목표, 곧 사람을 사랑하는 마음을 전하기 위해서다. 검찰청이 국민 위에 군림하는 것이 아니라 국민을 섬기는 자세로 열심히 일하고, 공직자로서 검찰에 대한 국민의 반응과 국민의 소리에 귀 기울이는 책임을 다하기 위해 직접 다가가는 것이다. 지역 주민들을 진정으로 아끼고 격려하고 섬기고자 하는 마음이 있기 때문에 나는 그 진심이 통한다고 생각했다. 만일 내가 나가서 권위적으로 사람들 위에 군림하는 태도로 억지로 했다면, 나는 어디에서도 환영 받지 못하고 오히려 불편한 사람이 되고 말았을 것이다.

나의 후배 검사가 의정부지청에 있다가 일산검찰청이 개청하면서 일산으로 왔는데, 함께 일하다보니 나와 대면할 일이 상당히 많았다. 그러면서 자연스럽게 복음을 받아들이게 되고 교회에 출석하게 되었다. 그 뒤 일산을 떠난 뒤에도 신앙생활을 잘하고 있다는 소식에 나는 정말 흐뭇했다.

사실 검사에게 복음을 전하는 일은 매우 어렵다. 검사들은 자기 소신이나 주관, 고집이 뚜렷하기 때문에 웬만해서는 다른 사람의 이야기를 잘 듣지 않는다. 그렇지만 정성스럽게 마음을 다해 사랑으로 대하다보면 자연히 나의 진심이 전해진다. 사도 바울도 자신이 예수 그리스도의 사랑으로 그들을 극진히 사랑함을 고백한다.

> 내가 예수 그리스도의 심장으로 너희 무리를 얼마나 사모하는지 하나님
> 이 내 증인이시니라 빌 1:8

나는 가급적 말로 전도하려고 하지 않았다. 중요한 것은 상대를 사랑하는 마음으로 예수님을 조금씩 맛보게 하는 것이다. 내가 말하기보다 교회로 인도해서 목사의 설교를 듣게 하고, 성경을 직접 보도록 하는 것이 최고라고 생각한다. 그래서 나는 '사랑의 통로' 만드는 일을 항상 우선시한다. 그 사랑의 통로를 통해 예수님이 어떤 분이신지 조금씩 보여주고 들려주고 맛보게 하여 결국엔 교회로 오게 하는 것. 나는 그것으로 어느 정도 나의 소임을 다했다고 생각한다. 신앙생활은 결코 혼자서 할 수 없기 때문이다.

사실 전도자가 예수님에 대해서 처음부터 끝까지 다 소개하려는 욕심을 가지면 상대에게 굉장히 거부감을 줄 수 있다. 자신이 많이 안다고 많은 말로 성경을 한꺼번에 던져주면 체해버린다. 질려서 아예 믿음에서 멀어진다. 이것을 깨닫기까지 나도 시행착오가 있었다.

2. 가까이하여(친하여)

나는 내가 말하는 데 치중하지 않고 그 사람의 말을 많이 들어주려

고 애를 쓴다. 설령 그 사람의 의견이 성에 차지 않더라도 비난하거나 말을 끊지 않고 끝까지 들어준다. 그런 다음 "내 생각은 이게 더 좋은 것 같다. 좀 더 생각해보면 어떨까?" 하고 최대한 부드럽게 이야기한다. 사람에게 상처를 입히면 안 된다. 상처를 주면 예수님의 사랑을 제대로 전할 수가 없다. 전도의 문이 막혀버린다. 그래서 나는 직원들에게 가급적 야단하지 않는다. 적당한 기회에 그 사람의 생각이나 행동에 대해 나의 생각을 이야기해주고 앞으로 이렇게 해보면 어떨까 하고 제안을 한다.

절대로 "당신이 틀렸다"고 일방적으로 이야기하지 않는다. 서로 이야기를 나누고 토론해보라. 그러면 자신이 잘못했다고 생각될 때 서로가 스스로 인정하고, 솔직히 시인할 수 있게 된다. 이런 태도야말로 직원들과의 관계뿐만 아니라 어떤 사람과 관계를 맺는 데 중요하다.

사도행전 17장에 중요한 말씀이 나온다.

이에 바울이 그들 가운데서 떠나매 몇 사람이 그를 '가까이하여'(친하여, 개역한글) 믿으니 그중에는 아레오바고 관리 디오누시오와 다마리라 하는 여자와 또 다른 사람들도 있었더라 행 17:33,34

사도 바울의 강론을 듣고 바로 믿는 사람도 물론 있었겠지만, 그와 가까이하여 친해져서 믿는 이들이 많았다는 말씀이다. 이 말씀에서 영감을 얻어 나는 사람과 가까워지고 친해지는 데 집중하게 되었다.

그래서 내가 먼저 다가간 것이다. 먼저 다가가서 친해질 기회를 만들기 위해 노력하고 친밀한 교제를 나누다가 자연스럽게 전도하는 것이다. 노방전도도 물론 해야 한다. 하지만 그래서 만나게 된 사람이 있다면 일단 그와 친해져야 한다. 관계 안에서 복음을 전해야지 다짜고짜 "예수 천당 불신 지옥"을 외치고, 안 믿으면 지옥 간다고 하면 대부분의 사람들은 상당히 거부감을 나타낸다.

예전에 나는 사람들과 친해질 기회가 생겨도 별 관심이 없었다. 그 기회를 기회로 보지 못한 것이다. 그러나 내가 변화된 뒤에는 어떤 식으로든 다른 사람과 가까워질 기회가 있으면 그 기회를 잡게 되었다. '지금이 아니라도 언젠가는 이 사람을 전도하리라' 하는 마음으로 사랑을 베풀고 배려하고 돕고 기도하면서 차츰차츰 관계를 쌓아가는 것이다. 때가 무르익었을 때 "교회 한 번 가보자"고 권하면 다소 부담스럽기는 해도 나와 친해졌고 내가 가자고 하니까 선뜻 청을 들어준다.

그런데 이럴 때 "나는 술 마시고 담배 피우니까 못 간다", "나는 너무 죄가 많다", "내 꼴이 이래 가지고 못 가겠다"고 버티는 사람이 있다. 그럴 때 거룩한 말과 태도만으로 일관하면 안 된다. 그러면 오히려 '역시 교회는 나 같은 사람이 갈 곳이 아니구나'라고 생각해서 다시는 교회에 나오기 힘들게 된다. 오히려 "나도 예전에는 술 담배 다 했지요"라고 하면서 거리감을 없애주기 위해 애써야 한다. 교회의 문턱이 너무 높고 여러 제한을 두게 되면 아무도 쉽게 교회에 올 생각을 못한다.

그렇게 일단 교회로 나오면 그때부터는 하나님이 하신다. 나는 내가 교회로 인도한 사람들이 교회에 와서 예배드리고, 설교 듣고, 찬송 부르면서 깨어지는 것을 많이 목격했다. 눈물 흘리며 통회한다. 이것은 사람이 하는 일이 아니다. 그 영혼을 사랑하시는 하나님께서 강권적으로 베푸시는 역사이며 은혜이다. 나의 일은 그저 사랑의 마음으로, 진지한 마음으로, 배려하는 마음으로, 진심으로 대하며 자연스럽게 하나님의 사랑을 나타내는 가운데 교회로 인도하는 데까지다.

3. 중매함이로다
고린도후서 11장에 이런 말씀이 있다.

> 내가 하나님의 열심으로 너희를 위하여 열심을 내노니 내가 너희를 정결한 처녀로 한 남편인 그리스도께 드리려고 중매함이로다 고후 11:2

바로 이것이다. 나는 중매자다. 교회에 와서 예수님과 결혼할 수 있도록 중매하는 중매자다. 그래서 내가 교회 밖에서 많은 말을 하는 대신 전도 대상자들을 교회로 이끄는 것이다. 교회로 인도하여 자연스럽게 하나님과 만날 수 있도록 중매하는 것이다.

교회 밖에서 자신이 끝까지 다하려고 하면 안 된다. '내가 다 해야지' 하는 마음으로는 실패할 수밖에 없다. 보통 내가 하겠다고 생각하면 강압적으로 몰고 가게 되어 대상자의 마음의 문을 여는 데 실패하기 쉽다. 그래서 나는 항상 '내게는 전도할 수 있는 능력이 없다. 나는 중매밖에 못 한다'라는 생각을 가지고 있다. 절대로 내 마음대로 하지 않기 위해 애쓴다. 하나님께서 성경 말씀을 통해 나를 인도하시고, 다스리시고, 깨우치시고, 변화시켜주셨듯이, 많은 사람들이 하나님께로 돌아와 변화될 것이기에 성경이 말씀하는 그대로 나는 믿고 행할 따름이다.

어떤 분은 내가 검사니까 전도를 잘한다고 말하는데 결코 아니다. 검사는 전도를 잘할 수 있는 사람이 아니다. 오히려 자기 신앙을 지키지 못하고 잃어버리는 일이 부지기수다. 나도 신앙을 잃어버릴 뻔하지 않았는가. 하나님이 강권하셔서 변화되었기에 전도하는 것이지, 사실 검사가 뭐가 아쉽고 답답해서 전도하겠는가? 나 자신이 변화된 뒤 하나님께서 진정으로 나에게 원하시는 것이 무엇인지 집중했기 때문에 전도하는 것이다.

내가 검사라고 해서 사람을 만날 때 소환장을 보내서 "오시오" 하면 오겠는가? 자존심을 내려놓고 아쉬운 소리 하듯이 "한 번 와주세요" 해야 올 듯 말 듯이다. 사실 아쉬운 소리를 한다는 것은 자존심이 무척 상하는 일이다. 하지만 자존심, 명예, 권력 이런 것들을 다 내 것으로 가지고 있는 한 절대 하나님께 쓰임 받을 수 없다. 내려놓지 않으면 전도가 안 된다. 여기에 답이 있다.

내 것을 다 가지고 있고 아쉬울 것이 없으면 내가 누군가와 친해질 이유가 없다. 내가 거지와 왜 친해져야 하겠는가? 그런데 친해지지 않으면 그 영혼을 중매할 수가 없다. 지청장인 내가 왜 직접 인장포 주인을 만나러 가고 슈퍼마켓 주인을 만나러 가는가? 나를 낮춰야 그 사람과 친해질 수 있고 직접 만나야 친해질 가능성이 높기 때문이다. 그래야 영혼을 얻을 수 있고 예수 그리스도께로 중매할 수 있다.

영적인 검사의 눈으로 보면

부산에 사는 부부가 아들을 서울로 유학 보냈는데, 그 아이가 학교에서 같은 반 아이를 심하게 때려서 피해 학생의 부모가 문제를 제기한 일이 있었다. 나는 가해 학생의 어머니를 설득했다.

"합의하세요. 피해 학생의 부모 입장이 되어보세요. 그 마음이 어땠겠어요? 돈이 조금 들더라도 그 마음을 조금이라도 위로할 수 있다면 어떻겠습니까?"

무조건 합의하라고 말하는 게 아니라 알아듣게 설명하기 때문에 가해 학생의 어머니가 곧 내 말을 들었다. 왜 이런 일이 벌어졌는지 궁금해서 내가 가정의 형편이 어떤지 물으니 선선히 이야기를 한다. 어머니는 중국 선교 차 중국에 왔다 갔다 하고 아버지는 부산에서 사업을 하느라 아들에게 미처 신경을 쓰지 못한 것 같았다. 그래서 내가 그 어머니에게 말했다.

"다른 사람을 전도하는 것도 하나님이 맡겨주신 사명이 맞지만, 자녀를 올바로 양육해서 하나님께 영광 돌려드리는 것이 어머니의 우선적인 사명이 아닐까 생각합니다."

같이 못 온 가해 학생의 아버지에게도 그 자리에서 전화를 걸었다.

"아드님의 일이 다행히 오늘 합의되었습니다. 어머니뿐만 아니라 아버지가 신앙생활을 해야 아들도 본을 받지, 아버지가 신앙생활을 안 하고 엄마만 한다고 해서는 어렵습니다. 이번 기회에 신앙생활을 하시는 게 어떻겠어요?"

나는 당시 불신자였던 그 아버지의 이름을 기억해두었다. 부산에서 간증집회가 있을 때 꼭 그 집회에 초청해서 전도하기 위해서다. 내가 왜 전화를 하고 그 분들을 직접 만나 당부까지 하는가? 영혼을 사랑하는 마음 때문이다. 한 사람이라도 더 하나님 앞으로 나왔으면 좋겠다는 마음이 있기 때문이다.

영적인 검사의 눈으로, 하나님의 눈으로 보면 문제가 된 일의 피해자나 가해자, 관계자 모두 전도 대상자다. 그 자리에서 바로 전도하겠다는 것이 아니라 천천히 할 생각을 하고, 가능하면 이분들과 친해질 수 있는 조건과 상황을 만들어서 그 기회를 놓치지 않으려는 것이다. 내가 그 사람에게 밥 한 끼 얻어먹고 싶은 게 아니라 그 사람에게 밥 한 번 사주고 싶기 때문이다. 전도하기 위해 영적인 욕심을 내는 것이다.

검찰청과 하나님의 일

나는 일산검찰청 지청장이라는 자리를 하나님께 내어드렸다. 그분께서 효과적으로 사용하실 수 있도록 나를 내어드리자 하나님은 그런 나를 통해 영향력을 발휘하게 하셨다.

나는 관할 지역에 있는 몇몇 대학교와 군부대를 오가면서 교제했다. 특별한 친분이 쌓이니까 "교회에 한 번 와주시면 고맙겠습니다"라는 이야기를 하는 것도 그다지 부담스럽지 않았고, 듣는 사람도 큰 부담을 느끼지 않는 것 같았다. 그 다음에는 성경을 주는 것도 받는 것도 서로 부담스럽지 않은 관계로 발전했다.

군부대를 방문해서 휴전선까지 들어가 봤다. 지청장이 방문한 것을 좋아한다기보다 진심으로 위로하고, 격려하고, 관심을 가져주는 것을 고마워한다는 것이 느껴졌다. 나는 관내 파출소, 소방서에도 찾아가 보았다. 사람들이 나의 방문을 반겨줄 때마다 나는 검찰이 국민이 무서워하는 조직이 아니라 국민이 사랑하고 국민으로부터 사랑받는 조직이 될 수 있음을 확신했다. 그런 인식을 심어줄 때 전도에도 큰 밑거름이 된다.

나는 개인적으로 어느 지역이든 갈 수가 있다. 하지만 지청장으로서 관할 지역을 벗어나서는 안 된다. 나의 사명은 그 지역의 치안 유지를 책임지는 것이다. 나는 내가 직접 찾아가는 것이 사무실에 앉아서 호령만 하는 것보다 치안 유지에 훨씬 더 도움이 된다고 생각했다. 범죄가 발생하는 곳에 경찰서와 교도소를 많이 세우는 것보다 교회 하나를 세우는 것이 훨씬 더 낫다는 말이 있다.

'나는 사랑받지 못한다. 나는 소외되었다. 나를 소외시키는 놈이 누구인가? 나쁜 놈! 그를 죽이고 싶고, 그의 것을 빼앗고 싶다.'

이런 상태가 되었을 때 범죄하려는 마음이 생기지, 사랑받고 있을 때 범죄하는 마음이 생기지는 않는다. 지청장으로서 직권 행사, 그러니까 치안 유지의 책임을 지는 일이 결국에 범죄 없는 마을, 아름다운 사랑의 공동체가 만들어지면 달성된다는 결론에 도달했다.

'아, 내가 관할하는 지역이 사랑의 공동체가 되면 범죄가 없어지고, 마음에 쓴 뿌리가 없어지고, 미움이 없어지고, 증오가 없어지겠구나.'

처음 일산검찰청 지청장에 내정되었다는 소식을 들었을 때 경기도 북서부 지역에 있고 고양시와 파주시를 관할한다는데 '고양'이 어떤 뜻일까 하고 한자를 보니, 높을 '고'(高)에 밝을 '양'(陽)이었다. 높고 밝은 곳, 나는 순간 '천국'을 떠올렸다.

2003년 초가을, 집무실에서 잠깐 눈을 감고 있는데 갑자기 이런 음성이 들려왔다.

"착하고 충성된 종아, 네가 잘하였도다."

나는 강력한 하나님의 임재를 경험했다.

네가 죽도록 충성하라 그리하면 내가 생명의 관을 네게 주리라 계 2:10

그때 그 감동을 잊을 수가 없어서 심지어 업무일지에 적어놓았다. 그 말씀이 내 마음에 엄청난 위로가 되었다. 그날 너무나 감격스러워서, 기쁘고 감사해서 얼마나 많이 울었는지 모른다.

"주님, 제가 뭘 잘했습니까? 전 잘한 게 없어요."

말씀대로 하라

가끔 나는 이런 생각을 한다.

'아, 하나님께서 나를 좋아하시겠구나!'

왜냐하면 나는 항상 의문이 나면 성경으로 돌아가기 때문이다. 나는 검사다. 법 집행자가 의문이 생겼을 때 법전으로 돌아가 정확히 그 법을 집행하면 모든 사람이 시비(是非)를 따지지 않는다. 내가 결재권자로서 어떤 법 적용이 틀리지 않았는지 지적했을 때, 동료 검사가 무슨 법 몇 조문을 가져와서 "이건 이렇기 때문에 그렇습니다"라고 보고한다면 나도 그 검사에게 잘했다고 칭찬할 것 같기 때문이다. 하나님도 그러시지 않을까?

우리가 하나님을 믿는다면 하나님이 누구신지 알아야 하고, 예수님이 누구신지 알아야 한다. 그런데 성경을 통하지 않고 "내가 하나님을 안다, 예수님을 안다"라고 하면 우리는 오판할 수 있다. 아는 것은 믿는 것을 포함한다. 하나님이 말씀이시고 예수님이 성경대로 오신 하나님의 아들임을 믿으려면 우리는 말씀을 알아야 한다.

영생은 곧 유일하신 참 하나님과 그가 보내신 자 예수 그리스도를 아는 것이니이다 요 17:3

성경은 우리가 하나님을 아는 신앙의 교과서다. 이처럼 확실한 교과서가 없다. 육법전서(六法全書) 없이 법 집행자가 법을 제대로 집행하지 못하듯 하나님의 사람이 하나님의 법 없이 하나님의 일을 제대로 할 수는 없다. 따라서 우리는 평소에 성경을 많이 읽고 묵상해야 한다.

> 모든 성경은 하나님의 감동으로 된 것으로 교훈과 책망과 바르게 함과 의로 교육하기에 유익하니 딤후 3:16

모든 성경이 하나님의 감동으로 되었듯이 하나님은 내가 말씀을 읽을 때 감동을 주신다. 기도할 때 말씀이 생각나게 해주신다. 내가 억지로 생각해낸 것이 아니라 그 말씀이 저절로 떠오르게 해주신다.

> 그러므로 너희가 이것을 알고 이미 있는 진리에 서 있으나 내가 항상 너희에게 생각나게 하려 하노라 벧후 1:12

그래서 나는 '아, 이 말씀이 나에게 지금 임했구나'라고 알 수 있다. 평소에 말씀을 많이 읽어두면 그때그때 상황에 말씀이 떠오른다. 하나님이 생각나게 해주시는 것은 평소 우리가 읽었던 말씀이다. 항상 성경을 묵상하는 자세가 중요하다. 어떤 상황에서든지 하나님이 생각나게 해주신 말씀에 의지하여 하나님의 길에서 벗어나지 않게 된다. 그리고 그때 하나님의 말씀이 생각나서 다시 한번 감사의 고백을 드릴 수 있다.

하나님의 길에서 벗어나는 쉬운 길은 우리가 하나님의 말씀을 전혀 모르는 것이다. 그런데 생각나는 말씀이 많이 있으면 그 말씀에 비추어 나의 행동이 하나님의 뜻으로부터 벗어난 것인지 아닌지 점검할 수 있다. 나는 무슨 일이든지 기도해보고, 말씀을 찾아본 다음 다시 "하나님, 어떻게 해야 할까요?"라고 묻는다. 답은 정해져 있다. 말씀대로 하면 된다.

하나님 말씀의 능력으로 담대히

나는 성경을 속독으로는 30번 정도 완독했다. 그리고 정독한 것은 11번 정도 된다. 정독할 때는 아주 천천히 단어 하나하나를 읽고 기도하고, 읽고 생각하면서 이 말씀과 비슷한 구절을 일일이 찾아서 읽었다. 속독은 성경 전체를 관통하는 맥을 잡아주고, 정독은 세세하게 한 구절, 한 구절을 통해 하나님이 내게 무슨 말씀을 하시는지, 이 말씀으로 하나님의 어떤 뜻을 알 수 있는지 살피는 것이다. 나는 성경을 읽을 때 정독도 필요하고 속독도 필요하다고 생각한다. 무엇보다 평소에 성경을 깊이 묵상하는 습관을 길러야 한다.

성경 66권을 정확히 다 안다면 가장 좋지만, 그렇지 못하더라도 성경의 기본 진리는 알고 있어야 한다. 육법전서를 반드시 다 알아야 훌륭한 법률가인 것은 아니다. 기본 맥(脈)만 알고 있어도 훌륭한 법률가가 될 수 있다. 이것을 법률 용어로 'legal mind'(법적인 사고)라고 한다. 법률가가 법적인 사고를 한다는 말은 법의 흐름을 꿰고 있기 때문에 가능한데, 이것은 어떤 부분을 찾아가서 어떤 구절을 적용하면 되겠다고 생각하는 것을 의미한다. 성경도 동일하다. 성경은 신구약의 맥을 아는 것이 중요하다. 법률가가 법적인 사고를 해야 하는 것처럼 그리스도인도 그리스도인의 사고를 해야 한다. 그런데 성경을 아예 모르면 이 사고를 가질 수 없다.

감사하게도 우리 시대는 말씀이 열린 시대이다. 그렇기 때문에 어떻게 보면 행복한 시대라고 할 수 있다. 말씀의 맥은 달달 외운다고 해서 아는 것이 아니다. 성경을 늘 읽고 묵상하다보면 마땅히 그리스도인의 사고를 할 수 있다고 생각한다.

나에게 놀랍게 역사해주시는 하나님의 말씀이 있다. 히브리서 말씀이다.

하나님의 말씀은 살아 있고 활력이 있어 좌우에 날선 어떤 검보다도 예리하여 혼과 영과 및 관절과 골수를 찔러 쪼개기까지 하며 또 마음의 생각과 뜻을 판단하나니 히 4:12

나는 늘 이 말씀에 심취되곤 한다. 이 놀라운 하나님의 말씀과 내 마음이 하나가 되면 하나님이 원하시는 소망이 하나하나 이루어질 것이라는 감동이 왔다. 말씀 곧 하나님이(요 1:1) 나와 함께 계시기 때문이다. 하나님이 원하시는 바가 무엇인가? 모든 사람이 구원을 받으며 진리를 아는 데 이르는(딤전 2:4) 것이다. 그러면 하나님의 계획과 목적이 나를 통해서, 내가 있는 직장과 가정과 교회에서 이루어지는 것이다.

내가 뭔가 해서 전도를 많이 하겠다는 의미만이 아니다. 영(靈)이신 하나님과 내가 하나가 되니까 못할 것이 없다는 담대함이 밀려온다. 담대함이 주는 평안 가운데 거하게 된다.

기도로 담대하게

나는 새벽기도회에 출석할 뿐만 아니라 혼자 산을 오르며 기도하기도 한다. 기도하고, 생각하고, 하나님과 대화를 나눈다. 나는 그 시간이 정말 좋다.

나는 줄곧 하나님께 이렇게 말을 건다.

"하나님, 어떻게 해요?"

하나님께서는 아무 대답이 없으실 때가 많다. 다시 묻는다. 그러면 내 마음에 감동이 온다. 어떻게 해야겠다는 감동이 오는 것이다. 나는 이것을 하나님이 주신 응답이라 믿고 믿음으로 취한다.

대개 기관장들은 차를 타고 출퇴근을 한다. 하지만 나는 많은 경우에 차를 타고 출근만 하려고 애썼다. 업무 시간 중에 차로 이동한 마지막 장소에서 운전하는 직원을 퇴근하도록 하는 것이다. 그리고 일주일에 한 번 토요일에는 지하철을 타고 출퇴근했다. 일산에서 1호차를 운전하던 직원이 나의 배려를 고맙게 생각하고 지금도 신앙생활을 잘하고 있다고 들었다.

혼자 지하철을 타고 출근하면 집에서 1시간 15분 정도 걸린다. 출근하는 지하철이나 자동차 안에서도 나는 책을 보거나 기도를 한다. 어느 날 출근길에 기도하는 가운데 나는 하나님께서 내 차에 철갑을 덧입혀주시는 환상을 보았다.

'아, 하나님께서 어떤 공격에도 안전하도록 지켜주시는구나.'

나는 그 장면을 보고 하나님의 보호하심에 깊이 감사드렸다. 그동안 내가 미처 깨닫지 못했는지도 모른다. 하나님께서 기뻐하시는 일이니 사탄이 얼마나 나와 내가 하는 일을 싫어하고 공격할지 자명한 일이다. 이 일을 계기로 나는 더욱 깨어 기도해야겠다고 생각했다.

일산검찰청에서 지청장으로 보낸 시간은 나의 검찰 생활 중에서 가장 행복한 나날들이었다. 성경의 지혜로 검찰청을 신설하고 기존에 있던 잘못된 제도를 바로잡아 창조적인 제도로 정착시킨 일, 사랑과 기쁨으로 직원들과 많은 사람들을 섬긴 일은 하나님이 검사인 나의 심장에 그리스도의 심장을 덧입혀주셨기 때문에 가능했던 일이다. 내가 그리스도의 심장으로 하나하나 해보니까 이 말씀이 이루어지리라는 감동이 있었다.

그 작은 자가 천 명을 이루겠고 그 약한 자가 강국을 이룰 것이라 때가 되면 나 여호와가 속히 이루리라 사 60:22

주(主)의 일은 그리스도의 심장을 가진 사람, 하나님의 마음이 임한 하나님의 사람만이 감당할 수 있다.

내가 예수 그리스도의 심장으로 너희 무리를 얼마나 사모하는지
하나님이 내 증인이시니라

빌립보서 1장 8절

PART
03

고난순종
영혼사랑

하나님의 일 ; 고난조차 복음을 전할 수 있는 또 다른 기회다

chapter 06

검사의 직을 주셨으니
검사의 목도 맡긴다

한 잔 술을 거절하다

일산검찰청에서 시민모니터제를 시행하고 국민을 섬기는 '열린 검찰'이라는 평을 받으며 언론에 좋은 보도가 나간 적이 있는데 당시 한 고위 인사에게도 그 이야기가 들어간 것 같다. 2003년 가을 어느 날 상부로부터 전화가 걸려왔다. 그 고위 인사가 일간 일산검찰청을 방문하겠다는 것이다. 그것은 매우 이례적인 일이었다. 고위 인사가 본청이 아닌 지청을 방문하는 일은 거의 없다.

고위 인사가 청을 방문한 날, 그 분을 영접하여 대회의실로 안내했다. 영상물로 기획된 보고서를 상영한 뒤 검찰청을 안내했는데 분위기가 상당히 좋았다. 그리고 그날 저녁식사까지 같이하게 되었다. 여러 동료들도 그 자리에 함께했다. 하지만 나는 그 자리가 어떤 자리가 될지 분위기를 예상할 수 있었다. 그 분이 술을 좋아한다는 소문을 들어서 알고 있었기 때문이다. 예전에는 나도 술을 많이 마셨지만, 1999년 이후로는 술을 입에 대지 않았다. 그래서 술을 권하면 어떻게 대처해야 할지 고민스러웠다. 머릿속에서 여러 가지 생각이 오갔지만 안 되면 정면으로 거절하리라 마음을 먹었다.

그런데 그가 밥을 몇 술 뜨고는 폭탄주를 만들어서 먼저 한 잔을 들이켰다. 그런 다음 한 잔을 더 만들어 나에게도 건넸다. 내가 잠시 멈칫하자 앞에 있던 사람이 나를 보고 눈을 찡긋했다. 내가 술을 안 마신다는 것을 알고 있었기 때문에 일단 받아 마시라는 뜻이었다. 이번에는 옆에 있던 사람이 내 옆구리를 쿡 찔렀다. 다들 얼른 받아 마시라고 재촉하는 분위기였다. 하지만 나는 술을 마실 수가 없었다. 결단을 내리지 않으면 안 될 상황이었다.

나는 마음을 다잡은 다음 이렇게 말했다.

"저, 술 안 마십니다. 교회 장로라서 술 안 마십니다. 도저히 안 되겠습니다."

나는 잔을 탁자에 조심히 내려놓았다. 그가 나를 매서운 눈초리로 쳐다보았다. 분위기는 순식간에 시베리아 한랭 전선으로 변했다. 그렇지만 어쩔 도리가 없다. 그간 내가 이곳 일산에서 인도한 많은 사람들을 저 술 한 잔으로 실족시킬 수 없기 때문이다.

누구든지 나를 믿는 이 작은 자 중 하나를 실족하게 하면 차라리 연자 맷돌이 그 목에 달려서 깊은 바다에 빠뜨려지는 것이 나으니라 마 18:6

이어서 사도 바울의 당당한 고백이 떠올랐다.

이제 내가 사람들에게 좋게 하랴 하나님께 좋게 하랴 사람들에게 기쁨을 구하랴 내가 지금까지 사람들의 기쁨을 구하였다면 그리스도의 종이 아니니라 갈 1:10

나는 생각나는 두 말씀을 붙잡고 담대히 거절했다. 그날 분위기는 완전히 망쳤고 사람들은 모두 나를 걱정했다. 밥도 먹는 둥 마는 둥 회식 자리를 서둘러 파하게 되자 나는 거듭 그 분에게 죄송하다고 사과를 드렸다. 하지만 아무 대꾸도 없다. 그래도 할 수 없는 일이었다. 내가 결단하고 각오한 일이기 때문이다.

그 후 김인호가 찍혔다더라, 승진 안 되겠다더라, 별별 소리가 다 들려왔다. 나는 그런 말에 요동하지 않고 예전에 하던 그대로 계속 열심히 일했다.

추풍낙엽 같은 승진 탈락과 좌천 그리고 믿음의 멘토
2004년 2월에 인사이동이 있었다. 이번에야말로 승진이 될 차례였다. 보통 신설 검찰청을 이만큼 잘 운영했으면 승진에 유리한 높은 점수를 받게 된다. 그렇지만 나는 승진에서 탈락되었다. 탈락된 건 그렇다 쳐도 며칠 후 대구고등검찰청으로 발령이 났다. 엄밀히 말해 좌천된 것이다. 앞이 캄캄했다. 내 심정은 정말이지 참담했다. 나는 이 일이 어찌된 영문인지 몰랐지만 먼저 하나님께서 이 일을 어떻게 생각하시는지 궁금했다.

"하나님, 이것이 하나님께 영광이 되는 일입니까? 이렇게 되면 하나님의 일이 중단될 수 있는 것 아닙니까? 하나님, 제가 어떻게 해야 합니까?"

그런데 내가 전도한 한 형제가 전화를 해서 눈치 없이 축하 인사를 했다. 승진에서 탈락되고 대구에 가게 된 걸 축하한다나, 나는 어이가 없었다. 아무 말도 듣고 싶지 않았다. 대구 부임까지는 4일의 시간이 있었다. 검사를 그만둘까 생각하고 아내와 상의했더니 알아서 하라고 했다. 어떻게 할지 고민을 많이 했다. 사람들은 이러니저러니 말이 많았지만 나는 정작 하나님이 어떻게 생각하실지 궁금해서 계속 기도했다. 그런데 하나님으로부터 어떤 계획으로 승진에서 탈락시켰고 좌천시키셨는지 영 답이 없었다. 그래서 나는 하나님 앞에 이렇게 고백했다.

"하나님, 제가 여태까지 하나님 앞에 순종하려고 애썼던 것처럼 일단 대구로 가볼게요."

대구로 가는 길을 재촉하게 된 것은 큰형님 같은 믿음의 멘토 피홍배 장로(세현교회, 삼정기업 대표)의 눈물어린 기도와 권면이 있었기 때문이다.

네 하나님 여호와께서 이 사십 년 동안에 네게 광야 길을 걷게 하신 것을 기억하라 이는 너를 낮추시며 너를 시험하사 네 마음이 어떠한지 그 명령을 지키는지 지키지 않는지 알려 하심이라 신 8:2

큰 환난과 수많은 고난, 죽음에 처했을 때 이 말씀을 붙들면서 그 환경을 극복하고 승리한 피 장로의 절규가 나를 대구로 광주로 가게 하고, 아직까지 검찰에 남아 하나님의 섭리를 기다리게 한 원동력이라 아니할 수 없다.

쫓겨난 것이 아니라 옮겨진 것

새벽에 대구에 도착해서 관사에서 잠깐 눈을 붙이고 출근을 하려고 하다가 그제야 관사와 관사 주위를 둘러보게 되었다. 한숨만 푹푹 나왔다. 내가 지내야 할 관사는 한눈에 보기에도 매우 낡은 아파트였고 검찰청과도 거리가 있었다. 진짜 여기에 있어야 하는 게 맞는 건지, 아니면 검찰청을 나가야 하는 건지 다시 회의가 들었다.

다음날 아내가 대구로 내려와 생필품을 마련해주고 올라갔는데도 내 마음은 아직 준비가 되어 있지 않은 것 같았다. 나는 이렇게 낙심한 상태로 있어서는 안 되겠다고 생각했다. 이럴 바에는 아예 일을 그만두는 편이 나을 것 같았다. 이번 발령을 두고 좌천이라고 아니하는 사람이 없었다. 심지어 그만두라는 무언의 메시지라고 말하기도 했다. 내가 검찰청에 좀 더 남아 있는 것이 맞다면 마음을 다잡을 만한 무언

가가 필요했다.

나는 매일 새벽 대구 앞산을 오르며 기도했다. 업무를 마치고 관사로 돌아온 저녁에는 계속 성경을 읽었다. 그렇게 시작한 기도와 성경 읽기는 점점 더 간절해졌다.

주께서 사십 년 동안 너희를 광야에서 인도하게 하셨거니와 너희 몸의 옷이 낡아지지 아니하였고 너희 발의 신이 해어지지 아니하였으며 신 29:5

나는 이 신명기 말씀을 찾아보았다.

'하나님, 저에게도 지금까지 이렇게 해주셨지요. 하나님, 그러면 이제 제가 변호사 해도 될 것 같은데요?'

잠을 자다 말고 일어나서 다시 말씀을 읽었다. 하나님께서 이스라엘 백성을 애굽에서 빼내어 가나안 땅으로 인도하는 지도자로 쓰시기 위해 그간 모세를 얼마나 혹독한 연단과 훈련 가운데 두셨는가? 광야 40년 동안 그가 얼마나 괴로웠을까? 하지만 모세는 절대 후회하지 않았을 것이다. 하나님께서 인도하신 길이기 때문이다.

"하나님, 전 어떻게 쓰실 겁니까?"

아무리 기도해도 답이 없다. 나는 하나님이 원하시는 대로 하고 싶은데, 하나님께서 내게 원하시는 것이 무엇인지 알 길이 없어 답답했다. 고난을 당하고 보니, 진짜로 명예를 잃어보니 마치 다 잃은 것 같았다.

'저 검찰에서 죽은 목숨이 되었으면 이제 변호사 해야 하지 않을까요?'

나는 성경을 읽으며 요셉과 모세와 다니엘과 사도 바울의 고난과 마주했다. 그 말씀을 깊이 묵상하자 요셉이 감옥에 갇혔을 때, 다니엘이 사자굴 속에 들어갔을 때의 일이 눈앞에 생생하게 펼쳐지는 것만 같았다. 그런데 유심히 살펴보니 그들은 하나같이 그들이 있던 자리에서 쫓겨난 것이 아니라 있어야 할 자리로 옮겨진 것이었다. 나는 처음에 내가 '쫓겨났다'고 생각했다. 그러나 쫓겨난 것이 아니라 하나님께서 하나님의 방법으로 옮겨주신 것이었다.

모든 것이 다 하나님의 계획이었다. 하나님이 바둑알을 옮기는 것처럼 나를 옮겨주셨다. 그렇지만 나로서는 정말 눈물 나게 힘든 시간이었다. 요셉은 감옥에 갇혀 있어서 다른 길이 없었지만 나는 길이 있는데, 검사를 그만두고 변호사를 하면 돈을 많이 벌 수 있는데, 그러면 왜 그것을 택하지 않고 이 길을 고수해야 하는가? 하나님의 계획에 순종하기 위해서다.

성경 속 나의 모델은 모세와 사도 바울이다. 둘 다 율법학자이다. 나 역시 법률가이기 때문에 말씀에 관심이 많다. 그래서 신명기, 출애굽기와 바울 서신을 특히 많이 읽었다. 나는 기도를 많이 했다. 하나님께 많이 여쭤봤다. 내가 검사를 그만두고 변호사를 하는 것이 하나님의 뜻이라면 이미 성경을 읽고 그 뜻을 찾았을 것이다. 그렇지만 말씀을 읽을수록, 기도할수록 검사를 그만둘 것이 아니라 좀 더 있어야 한다는 감동을 주신다.

"네, 하나님. 순종해보도록 하겠습니다."

다시 전도하기 시작하다

2주일이 지난 어느 날, 명성교회 부목사로 계시던 분이 대구 충성교회 담임목사로 와 계신다는 이야기를 듣고 수요예배에 참석했다. 나는 최 목사와 잠시 이야기를 나누었다. 최 목사는 내가 '명성교회 전도왕'이라는 소문을 들었는지 이렇게 말했다.

"장로님, 우리 교회로 전도 좀 많이 해주세요!"

'남의 속도 모르고, 나는 괴로워서 죽겠는데…'

그때는 그 목사가 정말 얄미웠다. 나는 당시 어느 누구에게도 내 모습을 보이고 싶지 않아서 대구에 있는 친척에게 연락조차 하지 않고 있었다.

일산에서 대구로 바로 부친 짐이 있었다. 성경 몇 박스와 사무실에서 입던 옷가지 정도였다. 그런데 대구에서 함께 근무하게 된 여자 실무관이 내 짐을 정리해두려고 풀어본 모양이다. 그는 불교 신자였다. 그런데 성경이 담긴 상자를 보고 자신이 믿는 부처에게 기도했다고 한다. 김 검사가 믿는 예수를 절대 믿지 않게 해달라고 말이다. 일산검찰청에 전화를 걸어 물어봐도 하나같이 잘 믿는 분이라는 이야기뿐이니, 잘못하면 검사에게 전도가 되겠다 싶었는지 더 간절히 기도했다고 한다. 그렇지만 나 역시 이미 그 분을 놓고 기도하고 있었다.

하루는 그가 자신의 고민을 상담하고 싶다고 나에게 찾아왔다. 그의 남편이 다니던 회사가 부도가 나는 바람에 일자리를 잃었다면서 나에게 남편의 취직 문제를 상의했다. 나는 기도하면서 내가 할 수 있는 대로 그의 남편이 취직되도록 얼마간 도움을 주었다. 그러자 정말 고마워하며 식사를 대접하고 싶다고 했고 나는 그때 비로소 솔직한 내 심정을 말했다.

"저는 다른 것은 바라는 게 없습니다. 다만 꼭 예수님을 믿었으면 좋겠다는 마음으로 도운 것뿐입니다."

그러자 그가 내 말을 진심으로 받아들이고 교회에 가겠다고 했고 남편과 함께 신앙생활을 하게 되었다. 그 후로 그는 다른 여직원들에게 자신의 일을 간증하며 전도하기 시작했다. 나 역시 어느새 사람들을 만나서 같이 수요예배를 드리고 교회로 초청하며 전도하고 있었다. 그런 나를 보며 어떻게 그럴 수 있는지 나조차 놀라웠다. 내 힘 가지고 내가 하는 일이 아니었다.

이미 승리하였다

다음은 나에게 대구 발령을 축하한다고 전화했던 형제에게 나중에 받은 메모의 일부이다. 급하게 몇 자 적는다고 따로 적어둔 것을 보니 아마 나와 전화 통화를 마치고 곧바로 써내려간 것 같다. 이 메모도 내게 다시 한번 용기를 주었다.

"고통은 최악이 아닙니다. 미움 받는 것은 최악이 아닙니다. 수모와 수치 겪음이 최악이 아닙니다. 사랑하는 교회와 성도와 가족과 결별하는 것은 최악이 아닙니다. 심지어 죽음마저도 최악이 될 수 없습니다. 최악은 이 어둠의 세력에 넘어간 현실과 대면하지 못하고 겉돌도록 회피를 택하는 것입니다. 진짜 최악은 주께서 주신 존귀한 십자가를 하찮게 여기고 결과적으로 신성한 부름을 모독하는 결과를 초래할지도 모를 자포자기의 혈기에 자신을 맡기는 것입니다."

한동안 나는 대구에서 간증도 하고 싶지 않았다(그간 간간이 집회 요청에 응해왔다). 그런데 간곡한 부탁으로 충성교회에서 간증집회를 인도했다. 성도들이 은혜를 많이 받았다고 하고 그 소문이 나면서 다른 교회에서도 집회 요청이 쇄도했다. 마치 고난이 가져다준 놀라운 선물과 같았다.

가고 가고 또 가다!

대구에 내려와서 내 일상은 거의 똑같았다. 매일 새벽기도 하고 업무 마치고 일찍 퇴근해서 간단히 식사하고 관사에서 기도하고 성경 읽고 또 혼자 찬송도 부르다 울기도 하고 거의 매일 혼자서 부흥회를 열었다. 어느 날 자정이 넘어서 기도하는 가운데 성경 구절이 하나 떠올랐다.

하나님이 큰 구원으로 당신들의 생명을 보존하고 당신들의 후손을 세상에 두시려고 나를 당신들보다 먼저 보내셨나니 창 45:7

형들에 의해 노예로 팔려갔던 요셉이 애굽의 총리가 되어 다시 만난 형들 앞에서 했던 말이다. 그런데 요셉은 자신을 애굽으로 판 것은 형들이 아니라 형들과 이스라엘 백성을 살리기 위해 하나님이 자신을 먼저 보내신 것이라며 감사했다.

그렇다. 내가 대구로 발령이 난 것은 대구 경북 지역의 복음 전파를 위함이다. 복음 전파를 가로막는 견고한 진을 뚫는 예리한 송곳과도 같은 사명을 하나님께서 내게 주셨다. 내가 하나님의 영광을 선포할 뿐만 아니라 구체적인 검사의 직무를 통해서 기도하고 순종하며 더 많은 사역을 감당하고, 이 지역에 성령의 바람을 일으키도록 하나님께서 나를 대구로 보내셨다. 대구에서 감당해야 할 확고한 사명을 깨닫게 되자 나 또한 요셉이 그랬던 것처럼 감사했다. 이 시기에 나를 위해 중보해주신 분들이 무척 많았다고 들었다.

그렇다면 나는 대구에만 있을 것이 아니라 경상북도 전역으로 가야겠다고 생각했다. 어떻게 갈 수 있을지 하나님께서 구체적이고도 체계적인 지혜를 주셨다. 고등검찰청 검사의 업무 중에는 고검 산하의 다른 검찰청을 감독 감사하는 감사(監査) 감찰 업무가 있다. 그렇지만 검사들은 외근이 잦은 이 업무를 대개 기피한다. 내가 그 일을 자원하자 상부에서도 흔쾌히 승낙했다. 사람의 눈으로 본다면 나 역시 내키지 않는 일이지만, 하나님의 시각으로 보니까 복음의 길이 활짝 열린 것만 같았다.

나는 그때부터 2년간 구두 다섯 켤레 밑창이 다 닳을 때까지 대구 경북 지역을 다녔다. 대구고등검찰청이 관할하는 여러 도시를 순회했고 수요일과 금요일 저녁에는 예배를 드렸다.

순회 전도자 감사 전문가

내가 어느 지청에 감사를 갔을 때의 일이다. 나는 감사를 하러 가서도 인사 기록 카드를 보고 직원 한 명 한 명을 불러서 교제를 나눴다. 문제를 지적하는 감사 반장이 아니라 어려움을 나누는 위로자가 되기 위해 노력하면 하루 이틀 사이에도 꽤 친해진다. 감사 기간 동안 검찰청에서는 으레 내게 저녁식사를 대접하고 싶어 한다. 그날도 지청장이 식사를 권했지만 마침 수요일이라 나는 따로 갈 곳이 있어서 가지 못하겠다고 했다. 지청장이 어디 가느냐고 묻기에 교회에 특강을 하러 가야 한다고 말했다. 식사 대접을 하지 못해 불안했는지 지청장이 이렇게 말했다.

"식사를 빨리 하고 저희도 가면 안 됩니까?"

지청장은 내가 교회에 가자는 말을 꺼내기도 전에 그렇게 말했다. 내가 한 교회에서 간증을 하는 동안 직원들이 예배당 안으로 들어왔다. 다음날에도 감사가 이어졌다. 보통 감사 대상자들을 부르면 매우 긴장한 상태로 온다. 지난해에 처리된 사건 기록을 살펴본 다음 감사

반장이 문제 사항을 지적하기 때문이다. 그런데 처음에는 다소 긴장한 얼굴로 왔다가 내가 위압적으로 대하지 않고 지적할 사항을 지적하고 부드럽게 대하면 그들의 마음이 금세 누그러졌다.

감사는 해마다 있기 때문에 이듬해에 해당 검찰청에 가면 사람들을 다시 만날 수 있었다. 이제는 친분이 생겨 어느 교회에서 간증을 하는 데 오겠느냐고 하면 흔쾌히 참석하겠다고 한다. 그러면서 자연스럽게 신앙생활을 하게 되는 사람들이 점점 늘어났다.

왜 안 그만둡니까?

2004년 말에 있었던 일이다. 대구고검에 근무하는 동료 중에는 대구 출신이 꽤 많았다. 그들은 나를 좀 이상하게 생각했다. 신앙의 문제로 좌천되어 왔는데 낙심하는 얼굴이 아니라 오히려 많은 사람들을 전도하는 것이 꽤 이상했던 모양이다. 무엇보다 내 진짜 속내가 무엇인지, 대구에 계속 있다가 변호사를 할 건지 아니면 다른 계획이 있는지 궁금해했다. 그러던 어느 날 대구 출신 동료들과 지역 유지 몇 명이 나에게 식사를 하자고 제안했다. 10명 정도 모여서 식사를 하는데 한 사람이 내게 대뜸 이렇게 물었다.

"전에는 술 좀 했다고 들었는데, 요즘에는 왜 안 해요? 교회 열심히 다닌다고 하는데 왜 그렇게 열심이에요? 그나저나 왜 안 그만두는 거예요?"

직접적인 질문 공세에 나는 순간 당황했지만 마음을 가다듬고 차분하게 답했다.

"잘 모르겠어요. 내일 일은 잘 모르겠는데, 일단은 좀 더 있어보는 겁니다. 그 뜻이 제 뜻인지 하나님 뜻인지는 잘 모르겠는데, 아마 조금 더 있어봐야 알 것 같습니다."

나는 알 듯 말 듯한 말을 슬쩍 건넸다.

그 자리에서 2차를 가자는 말이 나왔지만 나는 조만간 새해도 되고 하니 그때 내가 2차를 내겠다고 하고 헤어졌다. 동료들은 김인호 검사와 술 한 잔 하게 생겼다고 좋아했다. 그리고 같이 식사를 한 다음 날부터 나는 한 사람씩 찾아가서 따로 만났다. 다 같이 있는 자리에서 성경을 건넸다가 한 사람이 싫은 내색을 하면 전부 다 안 받을 수 있기 때문이다. 한 사람씩 찾아가서 성경을 선물하니까 아무도 거절하는 사람이 없었다.

그런데 다 함께 만난 날, 내가 내 뜻인지 하나님의 뜻인지 몰라 아직 있는다고 했던 말이 인상 깊었던 모양이다. 이 말이 사람들을 생각나게 한 것 같다.

성경을 받아들고 나에게 이렇게 묻는다.

"어떻게 할까요? 다음에 만나기로 한 날 성경을 가져갈까요?"

내 입가에 웃음이 번졌지만, 나는 손사래를 치며 아니라고 했다. 1차와 2차는 내가 책임질 테니 대신 3차를 사라고 했다. 하나같이 긴가민가한 표정으로 나를 쳐다보았다.

드디어 약속한 날이 되었다. 그들은 내가 2차로 어디를 갈 건지 이미 감을 잡았는지 약속이라도 한 듯 모두 성경을 가져왔다. 놀라운 일이었다. 억지로 가져오라고 해도 가져올 사람들이 아닌데 교회를 다니지 않는 사람들이 자진해서 성경을 가져오다니 말이다!

술 먹는 것보다 훨씬 낫네!

나는 대구의 어느 교회 근처 식당에서 동료들에게 식사를 대접했다. 제법 큰 교회였는데 나도 아직 가본 적이 없는 교회였다. 식사가 거의 다 끝나갈 무렵 내가 말했다.

"우리 이왕 왔으니까 이 교회에 한번 가보지 않겠어요?"

그러자 누군가 "우리 다 같이 교회에 갔다가 3차에 갑시다"라고 외쳤다. 나는 그 말을 듣고 속에서 뜨거운 눈물이 왈칵 올라왔다.

그런데 그날따라 그 교회 목사가 어려운 바벨탑 설교를 꽤 오래 하셨다. 나는 시간이 갈수록 점점 초조해졌다.

'어려운 설교를 저렇게 오래 하면 안 될 텐데….'

그런데 불안해하는 나와는 달리 동료들이 설교를 집중해서 듣고 있었다. 그 순간 교회로 인도하기만 하면 하나님이 역사하시고 성령님이 그 마음을 주장하신다는 것을 다시금 느꼈다. 전도는 결코 내가 하는 일이 아니었다.

그렇게 예배를 마치고 나오는데 한 동료가 말했다.

"술 먹는 것보다 훨씬 낫네."

"그자?"

누군가 대구 사투리로 화답했다. 그리고 이구동성으로 외쳤다.

"진짜 그렇다! 그자?"

하지만 그들에게 맡긴 3차는 역시 술집이었다. 그런데 다른 날과는 다른 진풍경이 펼쳐졌다. 다들 술잔에 술을 따랐지만 마실 생각을 않고 좀 전에 들은 설교에 관해 이야기를 나누고 있었다. 보통 만나기만 하면 술부터 거나하게 마시는 게 일인데, 오늘은 교회에 갔으니 그들에게는 매우 생소하고 특이한 경험이었을 것이다. 한마디로 다른 세계에 첫 발을 내딛은 것이다. 하물며 "나는 '할렐루야' 할 거니까 너는 '아멘' 해라" 하면서 술잔을 들었다가 내려놔도 나에게는 그 말이 전혀 농담처럼 들리지 않았다. 한 술 더 떠서 술집 사장과 직원에게 다음 주에 교회에 같이 가자고 권하는 것이 아닌가. 그런데 그 말이 빈말이 아니었다. 그들은 정말 그 다음 주에도 수요예배에 참석했고 술집 사장과 직원까지 데려왔다. 나는 그 광경을 보고 입이 다물어지지가 않았다.

이 일이 소문이 났다. 특히 한 동료는 말술도 사양하지 않는 사람으로 교회에 발을 들일 사람이 절대 아닌데 그가 교회에 가보자고 하다니 신문에 대서특필될 일이라면서 화제가 되었다. 이 일이 대구 복음화에도 중요한 영향을 미쳤다.

교회의 비밀을 찾아서

내가 지인으로부터 황영희 씨라는 분이 억울하게 어려움을 겪고 있으니 법적 자문을 비롯해서 도움을 줄 수 있는지 요청을 받은 일이 있다. 나는 그 일에 대하여 잘 알아보았다. 그런데 황영희 씨의 이력이 꽤나 이채로웠다. 수녀원에서 3년, 절에서 여자 승려로 10년을 지냈고, 지금은 어느 회사의 사장이라고 되어 있었다.

나는 황영희 씨의 억울한 일에 도움을 준 다음 당사자에게 그 내용을 직접 알려주기 위해 전화를 걸었다. 그런데 황 사장이 전화를 받지 않았다. 회사로 전화하자 황 사장의 남동생이라는 실장이 전화를 받았다. 그가 도와주셔서 감사하다고 사무실로 나를 찾아왔다. 차를 마시며 이야기를 나누다보니 자연스럽게 내일 다시 황 사장과 함께 인사를 오겠다고 했다. 다음날이 되자 두 사람이 약속한 시각보다 일찍 사무실에 나타났다.

나는 황영희 사장에게 그간 처리된 일에 대해 설명하면서 이렇게 덧붙였다.

"제가 한 달 동안 기도했습니다."

남동생이 화들짝 놀란 표정이다.

"네?"

나는 준비한 성경에 받는 분의 이름을 써서 드렸다. 그러자 황영희 사장이 동생을 째려보면서 지금 뭐하는 거냐는 표정을 지었다. 분위기는 일시에 가라앉았다.

사실 황 사장은 하안거(夏安居, 수행 정진 기도)를 마치고 절에서 내려오는 길이었기 때문에 검찰청에 오기를 꺼려했다. 그런데 동생이 어제 만난 검사가 달마대사를 닮았다고 하면서 보채기에 서둘러 온 것이었다. 어쩌면 내게 포교라도 할 태세였을 텐데, 그 와중에 내가 성경을 선물했으니 분위기가 어색해질 만도 했다. 나도 어떻게 할까 생각하다가 사실은 내가 대구 어느 교회에 특강을 하러 가는데(간증이라고 하면 잘 모르기 때문에) 두 분을 초청하고 싶다고 말했다.

황영희 사장이 잠시 눈을 감고 생각에 잠기더니 이내 "가겠습니다"라고 답했다. 나는 깜짝 놀랐다. 독실한 불교 신자가 주저 없이 교회에 온다는 것이 아닌가.

"아니, 어떻게 그렇게 빨리 결정했습니까?"

나는 놀라서 되물었다.

"사실은 제가 절에 있을 때 저를 찾아온 불자들이 참 많았습니다. 제가 예불을 드리면서 설법도 많이 해보았지만 절을 떠나는 사람들의 뒷모습이 참 쓸쓸했었죠. 그런데 대구 시내에 오면 교회에서 예배드리고 나오는 사람들의 얼굴들이 참 밝았어요. 그러면서 '교회의 비밀은 뭘까?' 하고 궁금했답니다. 그렇지만 내가 승려 출신이라서 아무도 나를 교회로 불러주지 않았는데 검사님 덕분에 이번에야말로 교회의 비밀을 알게 될 것 같네요."

살아 계신 하나님

이틀 뒤, 황영희 사장이 그 교회로 직원들을 데려왔다. 그들은 준비 찬양 때부터 박수를 치고 자못 진지하게 예배를 드렸다. 나는 간증을 하는 동안 그들을 주목했다. 집회를 마치고 난 뒤 아쉽게도 은혜를 받았는지 못 받았는지 많은 이야기를 나누지 못했다. 그날이 금요일이었기 때문에 예배를 마치자마자 본 교회가 있는 서울로 올라가야 했기 때문이다. 그런데 주일에 황영희 사장에게서 문자 한 통이 왔다. 나는 3부 예배를 마친 뒤 다른 교회에 간증집회를 하러 가는 길이었다.

"검사님, 제가 오늘 그 교회에 또 갔습니다. 은혜를 많이 받았습니다. 교회에서도 밥을 주니까 더 은혜가 되네요."

나는 내 눈을 의심했다. 그러자 문자 메시지가 하나 더 왔다.

"오늘 받은 은혜가 너무 커서 다음 주부터는 오전에 교회에 갔다가 오후에 절에 가렵니다."

진짜 기가 막힐 노릇이었다. 그 순간 나는 하나님께 기도했다.

'하나님, 뭐라고 답할까요?'

갑자기 뭐라 답해야 할지 마음에 감동이 왔다.

"그렇게 하십시오. 절에도 하나님이 계십니다. 절에 가시더라도 제가 드린 성경을 가져가보시지요."

이제부터는 절대 절에 가서는 안 된다고 하는 것이 아니요, 절에도 하나님이 계시니 절에 가더라도 성경을 가져가라는 이 말이 그녀의 마음을 강타했다. 일주일 내내 그 말이 그녀의 머릿속을 떠나지 않았다고 한다. 황 사장은 예전에 수녀원에 있을 때 성경을 읽던 생각이 나서 창세기부터 성경을 읽기 시작했다고 한다. 그가 성경으로 들어간 것이다. 그 말씀이 누룩이 되어 황 사장의 마음을 변화시켰다.

지금은 회사 사장이지만, 그녀는 큰 병으로 죽음 직전까지 가는 등 그간 굴곡진 인생을 살아왔다. 황영희 사장은 회사 건물에서 지내며 회사 살림을 도맡아 하고 있었지만 표정이 항상 차갑고 냉담하여 직원들이 모두 황 사장의 눈치를 보고 두려움에 사로잡혀 황 사장을 대했다고 한다. 그랬던 그가 하루아침에 눈 녹듯 변화된 것이다. 회사 직원들이 변화된 황영희 사장에게 감동이 되어 교회에 나가는 일까지 생겨났다.

황영희 사장의 회사는 지하에 흐르는 수맥을 차단하는 차단제를 생산하는 회사였다. 황 사장은 그 사람 자체가 수맥을 탐지해내는 기계와 같은 사람이다. 그런 전문가가 교회에 가보니 예배당에서는 수맥이 흐르는 것을 전혀 느낄 수 없었다고 한다. 나는 믿음으로, 하나님께서 내게 감동을 주시는 대로, 예수님이 베드로에게 하신 이 말씀을 선포했다.

또 내가 네게 이르노니 너는 베드로라 내가 이 반석 위에 내 교회를 세우리니 음부의 권세가 이기지 못하리라 마 16:18

황영희 사장은 하나님의 비밀을 체험하고 하나님의 살아 계심을 믿게 되었다.

어느 검사의 이야기

내가 경산 어느 교회에서 신년 간증집회를 하기로 한 날이다. 그날도 황영희 사장이 그 집회에 참석했는데 예배를 드리면서 이런 기도를 했다고 한다.

"하나님, 저 검사는 대구로 좌천되어 왔다는데 조금도 낙심하지 않고 열심히 하나님의 일을 합니다. 저는 아직까지 하나님의 뜻은 잘 모릅니다만, 제가 저 검사님을 돕는 것이 하나님을 돕는 길이라 생각되는데, 제가 어떻게 도우면 되겠습니까?"

그러자 그 간증을 사람들에게 나누라는 감동이 왔다고 한다. 그 교회에서 그날 집회 간증 테이프를 2천 개 제작했는데, 황영희 사장이 5백 개를 구입해서 자신이 알고 지내는 사람들과 불교 신자들에게 나눠주기 시작했다. 지금은 회사를 운영하고 있지만, 불교 신자들이 회사에까지 찾아와 상담을 하는 등 황 사장은 불교 신자들에게 상당한 영향력이 있었다. 황 사장이 그들에게 간증 테이프를 나눠주었는데 생각보다 반응이 좋았다고 한다. 물론 처음부터 반감을 나타내고 관심조차 없는 사람들도 있었다. 반면 그 검사의 간증을 들어보니 하나님이 살아 계시고, 하나님이 믿고 싶어졌다고 말하는 사람들도 많아 본인도 매우 놀랐다고 한다.

황영희 사장은 그렇게 내 간증 테이프를 선물하면서 전도하기 시작했다. 직원들도 적극 동참하여 만나는 사람마다 간증 테이프를 나눠주었다고 한다. 한번은 회사 직원이 카센터에 차 수리를 맡기러 갔다가 카센터 직원이 하도 시끄러운 음악을 듣고 있기에 간증 테이프를 전해주었다고 한다. 카센터 직원이 간증 테이프를 받으면서 이렇게 물었다. 마침 지방선거를 앞둔 시기였다.

"어느 당이에요?"

"하나님 당입니다!"

그 카센터 직원이 차 수리를 하며 간증 테이프를 들었는데, 테이프가 다 늘어질 만큼 수십 번 들었다고 한다. 직원이 차를 찾으러 다시 갔을 때 카센터 직원이 진짜 예수님을 믿게 되었다. 더 놀라운 것은 이제는 그 카센터 직원이 전도자가 되어 카센터를 방문하는 사람에게 간증 테이프를 나눠주기 시작했다는 것이다. 목사의 설교라고 하면 다들 어려워하는데 어떤 검사의 이야기라니까 궁금해서 들어본다고 했다.

황영희 사장은 이 일을 계기로 간증 테이프를 본격적으로 제작해서 전도했다. 대개 불신자들은 테이프에 어느 교회에서 간증한 것이라고 써 있으면 아예 들어보지도 않고 휴지통에 버리기 쉽다. 이에 황 사장은 〈어느 검사의 이야기〉라는 제목으로 새롭게 디자인한 간증 테이프를 1천 개 제작하여 나누었고, 지금까지 수 만 개가 넘게 제작 배포했다고 하니 참으로 놀랍고 감사한 일이다. 하나님이 이 회사를 전도하는 회사로 사용하신 것이다.

황영희 사장의 동생 역시 지방 출장을 다니며 차에서 간증을 듣기 시작했는데, 무려 70번을 반복해서 들었다고 한다. 그 역시 자신이 복음을 듣고 살았으니 복음을 듣지 못한 사람들에게 복음을 전하여 그들을 살려야겠다는 사명감을 가지고 많은 사람들에게 복음을 전하는 자로 살아가고 있다.

황영희 사장에게 복음을 전하고 그를 불러내자 그를 통해서 하나님이 일하셨다. 그를 통해 놀라운 하나님의 복음이 흥왕하게 전파되는 하나님의 계획이 이루어졌다. 나는 그 도구로 사용되었다. 결코 내가 한 일이 아니다. 하나님이 하신 일이다.

> 나는 심었고 아볼로는 물을 주었으되 오직 하나님께서 자라나게 하셨나니 그런즉 심는 이나 물 주는 이는 아무것도 아니로되 오직 자라게 하시는 이는 하나님뿐이니라 고전 3:6,7

한 명의 전도자, 그 파급 효과

한번은 경북 영천의 어느 교회에서 주일예배 때 간증을 했다. 그런데 검사가 온다고 소문이 나자 그 교회 교인들은 물론 지역의 기관장, 읍장을 비롯해 믿지 않는 분들이 여러 명 왔다. 그래서 나도 그들에게 초점을 맞추어 이왕이면 비신자도 듣고 은혜 받을 수 있는 간증을 하기 위해 노력했다.

며칠 뒤 그 교회 담임목사의 전화를 받았는데 나의 간증을 통해 놀라운 역사를 경험하고 있다고 한다. 그날 간증을 들은 성도 중에 독실한 불자였다가 교회에 다니기 시작한 지 얼마 안 된 전윤조라는 성도가 있었다. 그 성도가 나의 간증을 통해 완전히 회심하여 얼마나 열심을 내는지, 내가 그 교회에 두고 온 간증 테이프와 시디(CD)를 몽땅 얻어다가 사람들에게 나눠주며 전도하기 시작했다는 것이다. 또 자비(自費)로 시디와 테이프를 대량 복사해서 자신의 가게에 오는 손님에게 나눠주었다. 그러자 그 손님 중에 변화되어 교회로 나오는 분들이 있다는 것이다.

나의 간증을 통해 한 사람이 변화되고, 그 한 사람을 통해 이웃이 변화되고, 더 나아가 영천 지역이 변화되고 있다니, 이토록 귀한 사역에 나를 밑거름으로, 디딤돌로 사용해주신 하나님의 은혜에 나는 감사의 고백을 올렸다.

평신도 간증이 중요하다!

명성교회에서 지원하는 안동의 모 교회는 시골 교회가 그렇듯 교회에서 아무리 지원을 해도 성장이 저조했다. 특히 경상도 지역은 양반문화가 깊이 배어 있어서 여자들은 교회에 나와도 남자들은 좀처럼 교회에 오려고 하지 않았다.

그 교회에서 간증을 하기로 했다. 시간 관계상 교회에서 식사할 시간이 없어서 근처 중국집에 들어갔다. 자장면 한 그릇을 시켜서 먹고 가게를 둘러보다가 내가 주인에게 말을 건넸다.

"잘 먹었습니다. 사실은 제가 대구고등검찰청 검사입니다. 오늘 이 근처에 있는 교회에 특강 하러 왔습니다. 한번 와보시지 않겠습니까?"

"무슨 특강인데요?"

주인이 되물었다.

"글쎄요. 저도 그 내용은 잘 모르겠습니다."

이렇게 대답하자 주인이 고개를 갸우뚱하더니 되묻는다.

"아니 강사가 강의할 내용을 모르면 어떻게 합니까?"

"제가 어떤 내용을 하겠다고 계획을 세워도 실제로 강단에 서면 보이지 않는 손길이 저를 인도하십니다. 그래서 저도 어떤 내용을 강의할지 잘 모르겠습니다. 한번 와보면 아실 것 같은데요. 같이 가시겠습니까?"

나는 성경을 한 권 선물로 드리고 내친김에 내 차에 타시도록 해서 함께 교회로 갔다. 그런데 이 모습이 굉장한 자극이 되었던 모양이다. 교인들 사이에 '우리 지역에서는 전도해도 안 돼'라는 생각이 은연중에 형성되어 있었는데, 강사가 자기 동네 식당 주인을 교회로 인도하는 모습을 보고 덩달아 자신감을 회복하게 된 것이다.

집회를 마치고 간단하게 교제를 나누는데, 중국집 주인이 내게 말했다.

"검사님, 검사님 말대로 정말 검사님의 말씀이 아니네요. 큰 충격을 받았습니다. 저도 사실은 어릴 때 교회에 잠깐 다녔는데, 세상 흘러가는 대로 살다보니 어릴 때 가졌던 신앙을 어느새 다 잃어버렸습니다. 그런데 오늘 잃어버렸던 신앙을 찾았습니다. 검사님 덕분입니다. 감사합니다."

시골에서는 남편이 교회에 나가면 온 가족이 다 나간다. 남편이 교회에 나가니까 자연스레 아내도 나가고, 아이들도 나가고, 친구들에게도 영향을 끼친다. 그러면 교회와 지역 전체에 전도의 바람이 불기 시작한다. 그래서 나는 어떤 지역에 집회를 하러 갈 때 간증만 하러 가지 않는다. 일단 그 지역에 내가 아는 불신자들에게 모두 연락을 취한다.

불신자를 전도하는 데는 평신도의 간증을 먼저 들려주고 복음을 전한 다음 교회로 인도하여 목사의 설교를 듣게 하는 방법이 좋다. 그렇기 때문에 모든 간증집회를 전도의 기회로 삼는 것이다. 그러다보면 자연스럽게 전도가 일어나고 그들의 삶에 진정한 변화의 바람이 불기 시작한다.

현재의 고난을 이길 수 있는 힘

대구의 한 교회 간증집회에서 있었던 일이다. 집회를 알리느라 교회에 현수막도 걸고 전단지도 만들어서 뿌린 것 같았다. 그 무렵 어느 시장이 검찰 조사를 받다가 목매달아 자살하는가 하면 모 기업 사장이 투신자살 하는 사건이 있었다. 나는 예수 밖에서 고난당하는 사람과 예수 안에서 고난당하는 사람에 대하여, 예수 밖에서 겪는 고난은 죽음이요, 예수 안에서의 고난은 하나님의 영광과 생명으로 이어진다는 주제로 간증하고 있었다.

생각하건대 현재의 고난은 장차 우리에게 나타날 영광과 비교할 수 없
도다 롬 8:18

간증을 시작하고 얼마 되지 않았을 때 한 신사가 예배당 안으로 들어와 맨 앞자리까지 뚜벅뚜벅 걸어가 앉았다. 얼굴이 벌겋고 강단에까지 술 냄새가 진동했다. 나는 무척 신경이 쓰였지만 아무렇지 않은 것처럼 무사히 간증을 마쳤다.

그가 진남교 사장이었다. 모 그룹이 부도가 나면서 자신의 회사까지 연쇄 부도를 맞게 되자 그는 사람들 볼 면목이 없어서 술을 마시고 자살하러 가는 길에 우연히 간증집회 전단지를 보게 되었다. 그런데 교회에서는 목사가 설교를 하는데 검사가 간증을 한다기에 무슨 이야기를 할지 궁금해져서 자살을 잠시 미루고 술에 취한 상태로 교회에 들어왔던 것이다. 그런데 이분이 간증을 듣고 큰 은혜를 받았다. 마침 진남교 사장에게 딱 맞는 하나님의 말씀이 선포되었던 것이다.

집회가 끝나고 나는 그와 차를 마시면서 그의 과거지사를 듣게 되었다. 들어보니 그의 부인이 교회 권사로 남편을 위해 오랫동안 기도해온 분이었다. 그렇지만 신앙에 등한하였던 진 사장은 회사가 부도 위기를 당하자 무당을 불러 굿을 했다. 돈을 많이 들여서 굿을 하자 회사의 형편이 좀 나아지는 듯했다. 나중에는 대학 출신의 용하다는 여자 무당을 아예 회사 경리 이사로 채용했는데, 결국 회사가 완전히 망해버렸다.

두 번의 자살 시도에 실패하고 오늘은 반드시 자살하겠다고 미리 봐둔 절벽으로 가던 길에 간증집회 전단지를 보고 교회로 들어오게 된 것이다. 그는 간증을 듣고 난 뒤 내가 죽어서는 안 되고 살아야겠다, 살아서 예수를 믿어야겠다는 감동이 왔다고 한다. 20년 동안 눈물을 흘리며 기도한 부인의 기도가 마침내 응답된 것이다. 그 후 그는 새롭게 변화되었다.

바보 검사와의 만남

어떤 사람이 나에게 법률 상담을 받고 싶다고 찾아왔다. 어릴 적 친구라며 황태봉 씨라는 분과 같이 왔다. 그런데 유독 그 황태봉 씨가 아무 말 없이 나를 뚫어져라 쳐다보았다. 내가 대화하는 것을 유심히 지켜보는 것 같았다. 나는 평소처럼 친절하게 답변을 했다. 그런데 잠자코 있던 황태봉 씨가 내 얼굴을 쳐다보면서 말했다.

"검사님, 참 바보스럽네요."

나는 순간 당황스러웠다. 하지만 왠지 '바보'라는 말에 뭔가 있는 것 같았다.

"제가 그렇게 보입니까?"

"그렇게 보여요. 검사님 같지 않아요."

그가 계속해서 말을 이었다.

"저는 절에서 좀 지내봤는데 절에 고시 공부 하러 오는 사람들이 많습니다. 고시에 합격한 사람들도 많죠. 판검사들을 제가 좀 아는데, 어떤 판검사도 검사님 같은 얼굴을 한 사람은 없습니다. 그들은 보통 권위적이고 교만하죠. 검사님은 참 다르네요. 교회 장로라서 그렇습니까?"

나는 그가 내가 장로인 것까지 아는 데 놀랐지만, 그 질문에 바로 답하지 않고 대신 이렇게 말했다.

"제가 식사 한번 대접해도 될까요?"

"좋습니다."

그는 나와 대화를 나누고 싶었던 것이다. 그 주 수요일에 나는 황태봉 씨와 함께 어느 교회 근처에 있는 식당에서 식사를 했다. 황태봉 씨는 내가 자신을 교회로 데려가려고 한다는 것을 이미 눈치 챈 것 같았다. 나는 식당에서 식사 기도를 했다.

"하나님 아버지, 사랑하는 이 형제를 만나게 해주셔서 감사합니다. 오늘 이렇게 귀한 교제가 있게 하셨으니, 할 수만 있다면 식사 후에 교회에 갈 수 있는 마음을 주십시오."

식사를 하다가 그가 또 불쑥 이렇게 물었다.

"검사님이 바보가 되신 이유가 무엇입니까?"

"이제 그 이유를 말씀드리지요. 바로 예수님 때문입니다. 그분이 제 인생을 변화시켰습니다. 그분의 사랑에 붙잡혀서 저는 행복합니다."

나는 옆에 보이는 십자가를 가리키며 말했다.

"어떻습니까? 저기 한번 가보시겠습니까?"

그는 그날 나를 따라 교회에 갔다. 그런데 준비 찬송을 부를 때까지만 해도 내 옆자리에 앉아 있던 그가 예배가 시작되자마자 뒷자리로 자리를 옮겼다. 나는 속으로 '이분이 교회에 대해 별 관심이 없구나' 하고 생각했다. 그런데 예배를 마치고 뒤를 돌아보니 황태봉 씨의 눈이 붉게 충혈되어 있었다. 그가 예배 시간 내내 울었던 것이다. 그러면서 오늘 드디어 자신이 찾던 분을 만났다고 말했다.

그를 만나주신 예수님

나는 무슨 영문인지 몰라 근처 찻집으로 함께 자리를 옮겼다. 그는 이미 내 간증 테이프를 듣고 나를 만나러 왔다면서 자신의 이야기를 하기 시작했다. 그는 매우 유능한 전기(電氣) 기사였는데, 고압전류에 감전되어 고층 건물에서 떨어져 의식을 잃었다고 한다. 이제 죽었다고 생각하는 순간 누군가 그에게 다가와 그의 다리를 만지고, 심장을 만지고, 머리를 만지길래 '내가 살았구나, 죽었다가 살아났구나, 누가 나를 살려주었나? 참으로 감사하다'라고 인사를 하려는데 그가 사라졌다고 한다. 그렇게 기적적으로 살아난 뒤 그는 자신을 살려준 분이 누구인지 그 은인에게 은혜를 갚기 위해 전국 방방곡곡을 다니며 그를 찾았지만 끝내 찾지 못하고 절에 정착해서 주지스님까지 되었다고 한다.

그런데 어느 날 자신이 해우소(解憂所, 근심을 푸는 장소라는 뜻, 화장실)에 갔다가 나오는데 자신의 입에서 찬송가가 흘러나왔다고 한다. 어릴 적 크리스마스에나 한 번 갔을까 교회에 가본 일이 없는데, 자기 입에서 나오는 소리가 찬송가라는 것도 알겠고 도대체 무슨 일인지 정신이 없었다.

'아, 이거 큰일이네. 명색이 절의 주지인데, 찬송가를 부르면 어떡하나. 찬불가를 불러야지 내가 왜 찬송가를 부르고 있지?'

그러면서 자기 입을 탁 때렸는데도 이상하게 더 크게 더 빈번히 그 입에서 찬송가가 나왔다. 그러던 어느 날 이번에는 법회에서 '아미타불'이라고 외치다가 '예수님'이라는 말이 툭 튀어나왔다. 그래서 다시 '아미타불'이라고 정확하게 발음했더니 자신도 모르게 '하나님 아버지, 예수 그리스도'라고 말하고 있더라는 것이다. 물론 그 자리에 있던 사람들 역시 그의 말을 듣고 모두 그 자리에 얼어붙었다고 한다. 결국 더는 절에 있을 수가 없어서 쫓겨나기 전에 자기 발로 절을 떠났다고 한다.

절을 떠나 다시 속세로 돌아온 스님이 사회에 적응하여 할 수 있는 일이란 변변한 것이 없었다. 그는 여러 용역 회사를 전전했다. 그 후 열심히 일해서 번 돈으로 작은 용역 업체를 하나 차리게 되었다. 그리고 어릴 적 친구에게 돈을 빌려주었는데 그가 돈을 갚지 않아 그를 고소한 것이었다. 나는 황태봉 씨가 친구를 고소한 줄은 꿈에도 몰랐다. 그가 나에게 그런 이야기를 전혀 하지 않았기 때문이다.

그런데 그날 예배를 드리다가 예수님을 만난 것이다.

"내가 그로다."

그는 그 음성을 듣고 자신을 살려주신 분을 찾아 방황했던 일, 절에서도 찾지 못하고 그토록 찾아 헤맸던 바로 그분을 교회에서 만나 그 감격 때문에 예배 내내 대성통곡한 것이다.

나는 그의 간증을 듣고 깜짝 놀랐다. 그는 자신을 살려주신 분을 만난 뒤 완전히 변화되었다. 그 변화가 매우 놀라웠다. 돈을 갚지 않은 친구를 용서하고 전도했을 뿐만 아니라 회사 직원들까지 다 전도했다.

언젠가 그가 〈국민일보〉에 실린 나의 짧은 기사를 읽고 이런 댓글을 달아준 적이 있다.

"김인호 검사님, 장로님으로 인해 제가 주 예수 그리스도를 알현하게 되었습니다. 그것은 제 인생의 진정한 기쁨이요 행복입니다. 만약 제가 장로님을 만나지 않았다면 저는 아직 차갑고 어두운 얼음굴에서 메마른 영혼으로 뒹굴고 있을 것입니다. 저를 광명으로 끌어내주신 장로님, 사랑합니다. 아직도 어둠 가운데 서성이는 외롭고 고독한 영혼들에게 오직 하나님의 말씀을 전하고자 밤을 낮 삼고 낮을 밤 삼아 자신을 한없이 낮추고, 어렵고 힘겨운 이들을 위해 자기 몸을 기꺼이 하나님께 바치고, 세상 온갖 멸시와 조롱을 웃음으로 넘기며 그들을 위해 기도하시는 검사님!"

교회 건축 완성을 위한 도구

대구로 간 그해 가을 경주에 있는 어느 교회의 담임목사로부터 간증을 해달라는 연락이 왔다. 나는 금요일에 서울에 올라가야 하는데 하도 간곡하게 부탁해서서 거절하지 못했다. 그런데 도착해보니 컨테이너 박스 안에 교인이 열 명 남짓 모여 있었다. 간증을 나누기 전에 기도가 더 필요한 상황이었다.

'하나님, 이거 어떻게 해야 합니까?'

기도를 하는데 갑자기 성전 건축에 대한 감동이 있었다. 그래서 느헤미야서 말씀을 본문으로 일산검찰청에서 있었던 일들을 나눴더니 낙심해서 전혀 소망이 느껴지지 않던 교회에 소망이 살아나기 시작했다. 교회에서 내일 아침에도 한 번 더 집회를 해달라고 해서 순종하는 마음으로 다음날 아침 집회까지 인도했다. 이번에는 천안검찰청에서 있었던 일을 나누었는데 은혜가 있었다.

오붓한 집회를 마치고 나서 담임목사와 교제를 나누다보니 교회 주변의 땅이 모두 교회 부지라고 했다.

"아니, 그런데 왜 성전 건축을 못하고 있죠?"

"다 사연이 있습니다."

"하나님이 하게 하실 겁니다."

나도 모르게 이런 말이 튀어나왔다.

실은 내게 구체적으로 의논할 일이 있다고 했다. 사실 원래 있던 그 교회의 터가 고속철도 개통으로 수용되면서 대신 길가 네모반듯한 대토(代土)에 교회 건축허가까지 이미 다 받아놓은 상태라고 한다. 교인도 1백여 명쯤 되었다고 한다. 그런데 그곳의 유력한 문중 사람들의 반대로 번번이 건축이 무산되어 이제는 교인들마저 뿔뿔이 흩어졌다는 것이다. 그곳에 문중의 제실(祭室)이 있는데 조상귀신이 들어오는 길목에 교회를 세우면 절대 안 된다고 하면서 기초공사를 하려고 할 때마다 수백 명의 사람들이 몰려와 드러눕는 바람에 공사를 시작도 해보지 못했다는 이야기였다.

고소를 하고 소송을 해보려고 해도 민사사건으로는 시간이 오래 걸리고 형사사건은 그 문중의 세력이 워낙 강해서 아예 사건 처리를 하지 않는다는 것이다. 하지만 이 경우에는 건축을 할 수 있고 없고의 문제가 아니었다. 합법적으로 건축 허가까지 받았는데 공사를 방해했다면 이것은 엄연히 형사상 업무방해에 해당한다.

나는 정확한 답을 하지는 않았다. 단, 경주지청에 감사를 나갔다가 알게 된 분에게 전화를 걸어서 그 내용을 알아보았다. 교인들은 내가 전화를 한 것만으로도 사건 처리가 빨라질 것 같다고 힘을 얻는 것 같았다. 이 이야기를 전해 듣고 그 교회 교인 30여 명이 교회로 돌아왔다고 한다. 아직 사건은 처리되지 않았지만 교인들이 희망을 갖게 된 것이다. 나는 계속해서 기도했다.

교인들은 합심하여 토목 회사와 다시 계약을 체결하고 기초공사를 하기로 결정했다. 공사 당일 새벽에 다 같이 모여 기도로 준비했다. 그런데 그날은 이상하게도 해가 중천에 뜰 때까지 공사장에 찾아오는 사람이 하나도 없었다. 기초공사를 다 마치고 바리케이드를 친 후에야 그 문중 사람들이 나타났는데 이미 때는 늦었다. 이쪽에서도 공사를 방해할 수 없도록 막을 준비가 다 되어 있었기 때문이다. 놀랍지 않은가! 지금 생각해보면 하나님께서 잠시 그들을 모두 잠들게 하는 신(神)을 부어주신 것이 아닐까 생각한다.

나의 영광을 나타내게 하리라

문중의 대표라는 사람이 일전에 이런 말로 호언장담을 했다고 한다.

"우리 조상신이 이기든지, 너희가 믿는 하나님이 이기는지 두고보자. 너희는 여기서 절대 이길 수 없어. 우리가 드러누우면 그만이야. 다른 부지를 줄 테니 그리로 가라고! 그런데 만일 너희가 믿는 하나님이 이기고 교회가 건축되면 우리가 교회에 나가주지."

우여곡절 끝에 기초공사가 마무리되고 1층까지 올렸지만, 그만 불이 나고 말았다. 누군가가 방화한 것이다. 교인들은 낙심했지만 이내 사태를 수습하고 다시 1,2층 공사를 재개했고 교회 건축을 완성했다. 나도 입당예배 때 참석했는데 정말 눈물겨웠다. 그런데 더 놀라운 것은 그날 그 문중 사람들이 일부 교회에 나왔다는 것이다. 하나님께서는 낙심해 있는 교인들을 위로하고 떠난 교인들을 모아 회복시켜서 교회 건축을 완성하기 위해 그 교회로 나를 부르셨던 것이다.

내가 비록 복음 때문에 추풍낙엽처럼 날려간 것 같고 좌천되어 쫓겨간 것 같았지만 하나님께서는 나를 대구로 옮기시고 내가 대구에서 어떤 일을 해야 하는지 보여주셨다. 하나님의 일을 계속할 수 있도록 모든 여건과 환경을 통해 역사하셨다. 검사를 그만둘 것이 아니라 하나님의 나라를 확장하는 일에 나를 쓰기 원하셨다.

"너를 세워서 나의 영광을 보여주게 하리라!"

하나님께서 내게 감동을 주신 그대로, 대구에서 나를 사용해주신 하나님께 영광을 올려드린다.

chapter 07

전도는 내가
죽어야 가능하다

변호사의 길이 열리다?

2006년 2월, 나는 이번에는 반드시 서울로 발령이 나리라 기대했다. 보통 지방에서 2년 정도 근무하면 서울로 오게 마련이다. 그런데 이번에는 광주고등검찰청으로 발령이 났다. 나는 다시 깊은 낙심의 나락으로 떨어졌다.

"하나님, 이제 제가 진짜 그만둘 때가 되었네요."

내 입에서 이런 말이 튀어나오고 말았다.

"하나님이 허락하신 줄 믿고 이번에는 정말 옷을 벗겠습니다."

마침 대기업 법무실과 손꼽히는 로펌에서 변호사 영입 제의가 들어왔다. 나는 즉각 이것이 기도 응답이라고 생각했다.

'하나님, 감사합니다. 아, 이제 되었구나!'

나는 일단 두 군데 제의를 모두 수락했다. 그런데 무슨 일인지 그 뒤로 통 소식이 없었다. 한곳에 전화를 걸어 확인해보니 갑자기 사정이 생겨 취소가 되었다고 했다.

'아, 하나님이 막으시는구나!'

나는 제의를 받은 또 다른 곳에 전화를 걸어보았다. 그런데 이곳 역시 내부 사정으로 입사가 불가하다는 통보를 받았다. 이번에는 그다지 낙담하지 않았다. 이미 하나님이 막으신다는 것을 어느 정도 인식하고 있었기 때문이다. 그렇지 않았으면 한동안 이렇게 불평했을 것이다.

"이 사람들, 갑자기 말을 바꾸다니 왜 이러는 거지?"

그런데 이런 생각이 들지 않았다. 마치 내가 검사를 그만두는 것이 하나님의 뜻이 아니라고 말씀해주시는 것만 같았다. 머리로는 이해가 되지 않지만, 하나님께서는 분명히 내가 변호사로 가는 길을 막으신다. 나는 이것을 몸소 체험했다.

그러던 어느 날 강하게 내 마음을 울리는 또 하나의 음성이 있었다.

"내가 너와 함께한다. 염려하지 말라."

주님의 음성을 들으니 다시 한번 내 마음이 떨렸다. 하나님께서 나를 위로하고 세워주고 계셨다.

워싱턴 메시지

2006년 2월 16일, 이메일이 한 통 도착했다. 워싱턴에 있는 아들 상엽이가 보내온 것이다. 나는 이 장문의 메일을 한번에 읽을 수가 없었다. 읽다가 몇 번씩 눈물이 와락 쏟아졌기 때문이다. 이 메일은 개인적인 글이 담긴 것이 아니라 성령의 강력한 역사가 담겨 있었다. 울다가 몇 번이나 다시 메일을 읽어야만 했다. 여기에 이메일의 일부를 옮겨보았다.

"아버지와 전화 통화를 하고 나서 아버지의 기사를 다시 한번 보고 밥을 먹는데 문득 아버지에 대해 생각하게 되었습니다. 갑자기 제 머리를 스쳐 지나가는 생각이 있어서 이렇게 이메일을 올립니다. 변호사와 검사, 이 두 직업의 차이에 대해 먼저 생각하게 되었습니다. 세상적인 면으로 보면 지금 아버지 입장에서는 당연히 변호사를 택하는 것이 노후를 위한 길이나 아버지 본인을 위하는 길일지도 모르겠습니다. 하지만 하나님의 입장에서 다시 한번 생각해보았습니다. 변호사는 검사와 비교해봤을 때 나은 점이 없는 것 같습니다. 유익이 있다면 경제적인 여유가 좀 더 생기고, 아버지의 위상을 좀 더 펼칠 수 있고, 지금의 환경에서 벗어날 수 있다는 정도입니다."

나는 이 편지를 보고 대성통곡했다.

"하지만 제가 생각하기에 아버지의 상황은 시련과 고난이 아니라 하나님의 축복이 아닐까 싶습니다. 생각하면 생각할수록 하나님께서 아버지를 훈련시키기 위한 정도가 아니라 이렇게 어려운 길로 보내셔서 하나님의 일을 하게 하려는 것이 아닌가 하는 생각이 듭니다.

물론 알고 있습니다. 차장검사나 검사장들은 아버지의 후배뻘이고 아버지는 계속해서 한직에서 머물러 계시고. 하지만 가장 중요한 것은 그게 아닐지도 모릅니다. 사도 바울이 모든 것을 다 내려놓고 그 험난한 전도와 복음 전파의 길에 나서는 모습이 생각납니다."

내 마음이 다칠까 싶어 나를 배려하여 이렇게 쓴 아들의 메일에서 나는 하나님 아버지의 사랑의 메시지를 발견했다.

'네, 주님. 한번 시작했으니 좀 더 해보겠습니다!'

"그리스도인의 길은 험난한 것이라고 생각합니다. 지금의 세상은 천국이 아닙니다. 패악이 판치는 부패하고 어두운 곳입니다. 이런 곳에서 하나님의 빛을 드러내어 세상을 향해 하나님의 놀라운 역사를 밝힐 사람이 필요할 것입니다. 검사로 남는 일이 정신적으로 쉽지 않고 육체적으로 지치고 아무리 계산해본들 무의미한 행동 같을 수 있습니다. 하지만 이 일을 하나님의 나라를 위해서 겸허히 받들 수 있는 것만으로도 축복이라 생각합니다. 마지막으로 한 가지 더."

또 이렇게 위로한다.

"아버지가 여러 지방으로 발령 나신 것을 기사에서 읽어보니 하나님께서 인도하신 것이 아닌가 하는 생각이 듭니다. 각 지방 곳곳을 다니면서 새로운 사람들에게 전도하고, 지금 그리스도인처럼 살지 못하는 자들과 함께하여 그리스도의 향기가 나는 사람으로 바뀌게 하는 징검다리 역할을 하시는 것이 하나님께서 아버지에게 주시는 기쁜 사명이 아닌가 싶습니다."

정말 나를 잘 알고 위로해주시는 하나님께 진심으로 감사했다.

"제가 지금껏 아버지께 검사직을 그만두라고 말씀드렸던 것은 아버지가 힘들어하시는 모습이 안쓰러웠기 때문입니다. 하지만 아버지도 저도 벌써 하나님 앞에서 하나님께서 말씀하시는 대로 순종의 길을 가겠노라 선언하지 않았습니까?"

설령 내가 선언하지 않았더라도 하나님은 선언했다고 확증하신다. 하나님께서 내게 주시는 메시지가 더욱 확실하다.

"그 길이 아무리 험난한 길일지라도 하나님의 영광을 위하는 길에는 기쁨만 존재한다고 봅니다. 다시 한번 기도하면서 검사직에 대해 생각해보시기를 바랍니다. 제가 계속 기도하겠습니다. 비록 이 길이 힘들고 눈물이 날지라도 우리를 인정해주시고 들어주시는 분은 오직 주님이 아니겠습니까? 아시겠지만 하나님께서는 아버지를 너무나도 사랑하십니다. 그럼 힘내시고 인간적으로 어려운 고난의 길 그러나 하나님이 보실 때는 하나님의 나라를 위하는 그 길에 서 계신 것을 다시 한번 축복합니다. 워싱턴에서 하나님의, 대한민국의, 아버지의 아들 상엽 올림."

사람의 심금을 울리면서 밀었다가 당겼다가, 높였다가 낮추었다가, 뺨을 때렸다가 어루만져주기도 하고, 얼얼하기도 하다가 눈물이 나기도 했다. 부드럽지만 분명히 나의 심령을 강타한 하나님의 메시지였다. 나는 아들의 글을 읽으며 내 자신이 너무 부끄럽고 한편 그 마음을 생각하며 감동에 젖기도 했다. 아들은 평소 이런 뜻을 내비치는 성격이 아니었다.

하나님이 아무리 말씀하셔도 내가 하나님의 뜻을 알아차리지 못하자 하나님께서 아들을 사용하셔서 내게 메시지를 보내신 것이다. 나는 이 이메일을 '워싱턴 메시지'라고 부른다. 당시 아들은 워싱턴 DC에 있는 조지워싱턴대학교 1학년에 재학 중(현재 해병대 중위 복무, 2011년 가을 미국 로스쿨 진학 예정)이었다.

나는 아들의 이메일을 보고 광주에 가기로 최종 결단했다.

예비된 동역자들과의 만남

광주고검에 부임하기 전, 상엽의 이메일을 받기 전에도 하나님은 이미 여러 방편으로 내게 사랑과 응원과 지지를 보내주고 계셨다. 2006년 2월 15일자 국민일보에 나에 관한 간증 기사(제목 - 검찰권 행사에 예수의 사랑 접목 노력)가 크게 실렸다. 내가 광주에 부임하기 전에 광주고검 사람들이 그 기사를 다 돌려 읽은 모양이다.

나와 함께 일할 한 수사관이 나를 보더니 반가운 얼굴로 "부장검사님"이 아니라 "장로님"이라고 불렀다. 나는 속으로 '광주가 복음화율이 높다더니 검찰청 내에도 믿는 사람이 많구나'라고 생각하고 자연스럽게 인사를 나눴다.

"어느 교회에 다니세요?"

"저는 교회에 안 다닙니다."

나는 순간 기분이 얼떨떨했다. '아니 그럼 지금 나를 놀리는 건가?' 하고 생각하는데 그의 말이 뜻밖이었다.

"제가 장로님 간증 기사를 보고 교회에 나가기로 결심했습니다."

정말 신기한 일이었다. 하나님은 광주 부임 첫날부터 나를 혼자 보내지 않으시고 간증 기사를 먼저 보내주셔서 한 사람을 전도하게 하셨다.

광주의 첫 시작은 생각보다 순조로웠다. 광주고검에는 신우회가 있는데, 맞은편에 위치한 광주법원에서 신우회 결성이 번번이 막혀 10년째 기도 중이라는 이야기를 들었다. 그런데 내 간증 기사가 광주법원에 있는 분들에게 도전이 되었는지 두 달 만에 신우회를 조직했고, 그 뒤 매달 법원과 검찰청 신우회가 합동으로 예배를 드리게 되었다.

하나님께서는 나와 동역할 믿음의 사람도 예비해두셨다. 총무과장 윤예종은 광주검찰청 신우회를 창설한 분이다. 우리는 서로 위로하고 격려하며 함께 기도하고 사역하는 동반자가 되었다. 과연 여호와 이레의 하나님이시다.

내가 광주에 온 지 얼마 안 되어 '담터'의 장세근 사장(서울 광림교회 장로)으로부터 만나고 싶다는 연락을 받았다. 장세근 사장과는 10년 전부터 알고 지내는 사이였다. 그 자리에 회사 직원 두 명도 같이 나와 있었다. 장 사장 역시 신문에 실린 내 기사를 읽었다고 하시며 대뜸 이렇게 말씀하셨다.

"아마 호남 지역의 많은 교회에서 검사님을 부를 겁니다. 장로님, 광주에 아는 사람이 별로 없지 않습니까? 제가 돕겠습니다."

전혀 예상하지 못한 말이었지만, 그 분 말처럼 나는 광주에 아는 사람이 없었다. 장 사장은 함께 나온 직원들에게 앞으로 내가 집회 장소로 이동할 때 차로 모시라는 지시를 했다.

광천교회 박금호 담임목사도 기사를 보고 은혜를 받았다면서 내게 축전(祝電)을 보내셨다. 나는 잘 모르는 분이라 감사 인사차 전화를 걸었는데 이분이 이런 말씀을 하셨다.

"장로님, 광주에 와서 속이 상하시겠지만 저희들은 매우 기쁩니다. 장로님 기사를 읽으면서 많이 울었습니다. 하나님이 장로님을 광주까지 오게 하신 데에는 분명히 계획이 있을 겁니다. 앞으로 제가 여러 교회에 장로님을 소개하겠습니다."

두 분의 말대로 나는 호남 지역의 여러 교회에 불려 다니며 간증집회를 원 없이 해보았다.

광주에 있는 동안 '담터'의 장기식 순천공장장과 정부균 광주영업소장이 집회가 있을 때마다 나의 손과 발이 되어 도움을 주었다. 그러면서 믿음이 없던 정부균 영업소장에게 믿음이 생겼고 두 사람 다 믿음의 용사가 되었다. 하나님이 이분들을 세우기 위해 나를 붙이신 것이 아닌가 하는 생각이 들 정도였다. 이렇듯 하나님은 여러 동역자들을 미리 준비해두시고 하나님의 사역에 거침이 없게 하시고 나를 외롭지 않게 돌봐주셨다.

나의 소원

나는 광주 사역 초기에 이런 기도를 했다.

"하나님 아버지, 제가 공직에서 광주 사역을 하는 동안 영향력 있는 사람을 붙여주십시오."

어느 날 범죄예방위원회 임원들과 같이 식사를 하는 자리에서 광주시여성단체협의회 초대 회장인 안영자 회장을 만나게 되었다. 서로 간단히 인사를 나누었는데 나는 속으로 이런 생각을 했다.

'아, 이분이 신자인지 불신자인지 모르지만, 이분이 불신자라면 이분을 전도하여 광주의 많은 사람들을 구원했으면 좋겠다!'

안 회장도 그날 검사답지 않은 나를 유심히 지켜보았다고 한다. 2주일 후, 그 분이 내 사무실로 찾아왔다. 연세가 여든이 가까우신데 정정하고 목소리도 걸걸하셨다.

"김인호 부장검사님, 오늘 제가 여기에 온 이유가 있습니다. 제가 이제껏 많은 검사를 만나봤지만 검사님처럼 얼굴이 맑고, 겸손한 사람을 본 적이 없습니다. 그래서 오늘 부탁도 좀 하고 다시 만나보고 싶어서 이렇게 왔습니다."

그 이야기를 듣고 얼마나 감사했는지 모른다. 안 그래도 이분을 위해 기도하고 있었는데 직접 내 사무실로 찾아왔으니 말이다. 우리는 차를 마시며 교제를 나눴다. 안 회장은 친구 아들이 억울하게 조사를 받고 있는데 잘 알아봐줄 수 있는지 물었다. 나는 잠시 망설이다가 그 자리에서 전화를 걸어 그 사정을 알아보았다. 그는 고마워하면서 내게 소원이 뭐냐고 물었다.

"보아하니 경상도 분이고 광주에 아는 사람도 없을 것 같은데, 내가 뭘 도와줄까요? 혹시 소원이 뭡니까?"

나는 기다렸다는 듯이 이렇게 대답했다.

"회장님, 제가 일요일 저녁에 교회에서 특강을 하는데 전부 호남 사람들이라 제가 좀 떨리는데, 회장님이 같이 가주시면 어떻겠습니까?"

"별 문제 아니겠네요. 내가 원래 교회는 안 다니지만 검사님이 한번 가달라는데 그게 뭐 어렵겠어요."

그러니까 그 분은 기독교 신자는 아니었다.

"회장님, 회장님의 여성 후배들이 많을 텐데 그 분들을 데려오시면 어떻겠습니까?"

그 분이 잠시 생각하다가 "그것도 어려운 일은 아니지, 얼마나요?" 라고 물으셨다.

"1백 명만 모아주시면 좋겠습니다."

"그러죠, 뭐."

대화가 술술 되자 나는 한마디 더 덧붙였다.

"회장님, 이왕이면 안 믿는 사람으로 1백 명을 모아주시면 어떻겠습니까? 회장님이 안 믿는 사람만 골라서 인도해주시면 좋겠습니다."

"그것도 해볼게요."

집회 당일, 예배가 시작되기 2시간 전인데도 사람들이 얼마나 많이 왔는지 기대했던 1백 명이 훨씬 넘었다. 나는 그 분의 소개로 오신 분들에게 성경을 일일이 나눠드리고 그 분들을 앞자리로 안내했다. 불신자에게 초점을 맞춰 전한 말씀이 반응이 좋았고, 안 회장도 은혜를 받으시는 것 같았다.

나는 그날 참석한 분들의 명단과 연락처를 받아 휴대폰 문자 메시지를 보내며 관계를 유지했다. 새신자가 교회에 온전히 정착할 때까지는 인도한 사람이 연락하고, 직접 권면하고, 위로하며 인도해줄 필요가 있다. 확실히 호남 지역은 교인도 많고 경상도보다 전도하기가 수월했다. 안 회장도 그간 며느리가 전도해왔지만 계속 거부하다가 그때부터 신앙생활을 하게 되었고, 함께 신앙생활을 시작한 분들까지 잘 섬기고 계시다니 얼마나 감사한 일인지 모른다.

새롭게 부는 성령의 바람

광주 부임 초기에 어느 교회 장로라는 분이 찾아와 간증을 해달라고 요청했다. 5월 말 주일예배 때 간증을 하기로 했는데 그해 지방자치단체장 선거가 6월 초에 있었다. 그 교회는 광주에서 상당히 큰 교회였다. 내가 그 교회 교역자분들과 식사를 하고 교회에 막 들어서려는데 교회 입구에 구청장 후보가 여럿 서 있었다. 교인들이 많이 모이는 교회이기도 하고, 간증집회를 한다는 현수막을 보고 선거 운동을 하러 온 것이다.

나는 지나가는 말로 한 후보와 악수를 나누며 이렇게 말했다.

"후보님, 눈도장 찍는 것도 중요하고, 손도장 찍는 것도 중요하지만 교인들도 유권자들인데 마음 도장 한 번 찍고 가십시오."

나는 말을 해놓고도 내심 '이분이 무슨 말인지 알아들었을까?' 싶었는데, 이분이 그날 교회 맨 앞자리에 앉아 예배를 드렸다. 그날 간증을 꽤 오래 한 것 같은데 이분이 예배 시간 내내 요동하지 않고 경청했다. 그런데 예배당 뒤편이 소란스러웠다. 선거가 코앞이라 다른 곳도 여러 군데 가야 하는데 후보자가 움직일 생각을 안 하고 있으니 선거 사무원들이 발을 동동 구르고 있었던 것이다.

그런데 이분이 예배를 마치고 난 다음 선거사무실로 가서 사람들을 모아놓고 이렇게 선포했다고 한다.

"김인호 검사의 간증을 듣고 신앙인의 모습에 대해 생각해보았습니다. 나는 교회 집사이지만 신앙인으로 살지 못했습니다. 이번에 구청장에 당선이 되어도 감사, 안 되어도 감사하겠습니다. 하나님이 당선되게 해주신다면 처음으로 하나님을 공식석상에서 이야기하겠습니다."

그날 자신은 하나님이 살아 계시다는 것을 확신하게 되었다고 고백했다.

"살아 계신 하나님이 나를 구청장으로 당선되게 해주시면 취임식 대신 취임예배를 드리겠습니다."

그런데 이분이 진짜 당선되어 자신이 선포한 것을 지켰다. 목사, 교회 성도, 구청 직원들을 전부 초청하여 취임식 대신 취임예배를 드렸다. 그러니까 시 의원과 구 의원들까지 취임예배로 취임식을 대신하는 역사가 일어났다. 그 후보가 구청장이 되면서 신우회가 구성되고 그가 전도자가 되었다. 그 구청이 변화되자 다른 구청에도 영향을 주었고 시청까지 영향을 끼쳤다.

하나님의 성령의 바람이 광주 전역에 불어오고 있었다. 하나님이 어떻게 역사하셨을까. 하나하나가 우연인 것 같지만 결코 우연이 아니라 다 하나님의 계획이었다.

하나님이 주시는 지혜로 한다

서양 속담에 "말을 물가에 데려갈 수는 있어도 억지로 물을 먹일 수는 없다"라는 말이 있다. 나의 전도 방법은 사람들을 교회로 인도하는 것이다. 교회 입구까지 왔더라도 예배당에 들어오게 하는 데 지혜가 필요하다. 또 교회에 온 사람을 끝까지 남아 있게 하는 지혜도 필요하다. 그러면 지혜는 어디서 오는가? 기도하면서 하나님께 초점을 맞추면 하나님께서 지혜가 샘솟듯 솟아나게 해주신다.

> 너희 중에 누구든지 지혜가 부족하거든 모든 사람에게 후히 주시고 꾸짖지 아니하시는 하나님께 구하라 그리하면 주시리라 약 1:5

내가 사람들을 교회로 인도하게 된 계기가 있다. 처음 전도 대상자에게 성경을 선물하면서 전도할 때는 기회가 있으면 교회에 꼭 나가라는 말만 전했다. 내가 전도한 사람 중에 김성덕이라는 은행 직원이 있었다. 그는 예수를 믿고 나서 마치 은행에서 고객을 유치하듯 전도를 열심히 했다.

어느 날 그가 내게 이렇게 말했다.

"그러지 말고 사람들을 교회로 인도하시죠. 성경을 그 자리에서 주는 것도 좋지만 가능하면 교회로 이끌어서 교회에서 성경을 주고, 교회에서 상담도 해줘야 교회에 정착하지 않겠습니까? 밖에서 성경을 주는 것으로 끝내지 말고 교회로 인도하면 어떻겠습니까?"

나는 그 말을 듣고 나서 전도 대상자를 교회로 인도하기로 마음먹었다. 김성덕 씨가 준 지혜를 활용하여 그 뒤로 할 수만 있으면 사람들을 교회로 인도한다. 이렇듯 전도는 나 혼자서 한 일이 아니었다.

교회로 인도한다는 말은 많은 사람이 한꺼번에 복음을 들을 수 있는 장소로 인도한다는 의미이다. 나는 간증의 기회를 복음을 전하는 기회로 활용한다. 꼭 교회가 아니라 다른 집회 장소라도 좋다. 그래서 나는 고향(영남 특히 부산)에서 간증할 때면 고향 사람이나 학교 동창들을 꼭 초청한다. 그 기회에 복음을 들을 수 있도록 하기 위해서다.

우리가 하나님의 눈으로 세상을 본다면, 복음을 전할 수 있는 기회가 많을 것이다. 그러나 우리는 그 기회를 하나님의 눈으로 보기 어렵다. 나는 복음을 전할 수 있는 기회를 놓치지 않기 위해 줄곧 노력해왔다. 그 기회를 놓치지 않고 하나하나 잡아보니 그 수가 굉장히 많았다. 나는 어느 때, 어느 장소, 어떤 경우, 어떤 환경에서도 복음을 전할 분명한 기회가 오면 반드시 그 기회를 활용한다. 전도의 기회를 잡지 못하고 있다면 그것은 그 기회를 보지 못하기 때문이다.

'어떻게 해야 내 눈에 전도의 기회가 보일까?'

내 힘으로는 할 수 없다. 하나님이 지혜를 주시고 성령으로 충만하게 해주실 때 가능하다. 나를 통해 일하시는 하나님의 목적을 분명히 알게 된다면 그 기회가 눈에 보이고, 기회가 올 때 그 기회를 놓치지 않고 활용하게 될 것이다. 나는 항상 내 가방에 성경이 몇 권씩 있어야 마음이 놓인다. 복음을 전할 수 있는 기회를 놓치는 것이 더 불편하기 때문에 복음을 전할 수 있는 기회를 모두 활용하기 위해서다.

주님이 부어주시는 마음으로 전한다

나는 사람들을 볼 때 색안경을 끼고 보지 않는다. 예수를 믿지 않는 사람이라면 당연히 내가 복음을 전해야 하는 사람으로 보기 때문이다. 그래서 불신자든 타종교를 믿는 신자든 가리지 않고 복음을 전한다. 물론 같은 그리스도인들 중에서도 이렇게 전도하는 것을 파격적이라고 말하는 사람도 있다.

나는 사람에게 관심이 많다. 앞에서 이야기했지만, 어릴 때부터 '저 사람이 불쌍하고 내가 불쌍하고, 우리는 어디에서 왔으며 무엇을 하고 어디로 가게 되는가?'에 대해 생각하고 항상 궁금해 했다. 이렇듯 나는 변화되기 전에도 사람에게 관심이 있었다. 그러나 그것은 그저 저 사람이 불쌍하고 안됐다는 정도였다. 그런데 변화되어 거듭나고 난 뒤에는 이런 생각이 들었다.

'어떻게 하면 저 사람을 영육 간에 잘 살게 할 수 있을까? 나는 그럴 능력이 없지만 영육 간에 잘 살게 해주실 수 있는 분에게 인도하면 되지 않을까?'

나는 누구를 만나든지 그렇게 생각한다. 교인이든 아니든 내가 이분에게 뭘 해주면 좋을지 관심을 가지고 보면서 내가 웃는 게 도움이 되면 웃어주고, 편안하게 대하는 것을 원하면 편안하게 대하려고 노력한다. 전적으로 상대에게 초점을 맞추는 것이다. 변화되어 하나님께 붙들린 검사가 되자 하나님께서는 나를 통해 더 많은 사람을 구원하시려고 그 일에 필요한 권능과 사랑과 열정을 주셨다.

내가 유명한 복음 전도자가 되기 위해 억지로 노력하는 것이 아니다. 억지로 하면 나 스스로 불편하고 힘들어서 못 버틴다. 하루, 이틀, 한 달, 두 달은 하겠지만 계속하지는 못한다. 나는 내가 만나는 사람에게 복음을 강요하지는 않는다. 강요한다고 해서 되는 일도 아니다. 그러나 하나님을 아는 지식, 하나님을 믿는 믿음이 좋으니까 일단 전하고 싶은 것이다. 상대가 받아들이지 않으면 어쩔 수 없다. 나는 좋은 마음으로 문자 메시지를 보냈는데 전혀 다른 응답이 있을 때도 있다.

"오늘 만나 뵙게 되어 정말 좋았습니다. 혹시 기회가 있으면 간증할 때 제가 연락하겠습니다. 예수 안에서 복 받으셨으면 좋겠습니다."

그런데 이 문자 메시지에 당신이 뭔데 그러느냐면서 입에 담지 못할 욕설을 하는 사람도 있다. 나라고 왜 괘씸한 생각이 안 들겠는가? 하지만 내가 먼저 이야기를 꺼냈기 때문에 이 사람이 반응을 보이는 것이니 내 잘못이지, 그 사람 잘못이 아니라 생각하고 나는 죄송하다는 답장을 보낸다. 하지만 다음 기회에 다시 연락하겠다는 메시지를 잊지 않는다.

내가 이런 식의 반응을 보이면 상대방은 '저 분은 왜 저럴까? 진짜 검사 맞나? 진짜 검사라면 저렇게 할 수 없는데 도무지 이해가 되지 않는다'라고 생각하며 궁금해 한다고 한다. 그 호기심이 훗날 전도의 열매로 맺히기도 한다.

나는 내 전도 방법이 대단한 것이 아니라 그저 자연스러운 마음이라는 것을 말하고 싶다. 이 자연스러운 마음이 세상 사람들이 볼 때는 자연스럽지 않을지도 모른다. 하지만 내가 예수님을 만난 후에는 아직 복음을 듣지 못한 사람, 예수를 믿지 않는 사람을 긍휼히 여기는 이 마음이 자연스러운 마음이 되었다.

때때로 가식이나 의도적인 것이 아니냐는 핀잔을 듣기도 한다. 그러나 이 마음은 하나님이 부어주셔야 가능하다. 하나님이 주신 마음이 아니면 할 수 없다. 살아 계신 하나님이 내 안에 오시니까 가능한 것이다. 하나님께서는 나를 통해 많은 사람을 구원하기 원하신다. 그러면 내가 하나님의 대언자가 되고, 하나님의 도구가 되어보겠다는 마음이 내 안에 있기 때문에 전도하려는 이 마음이 자연스러운 것이다.

나는 사실 그렇게 용기 있는 사람이 아니다. 매번 성경과 간증 테이프를 챙기는 일이 때로는 귀찮기도 하다. 상대방이 긍정적으로 반응한다면 두말할 나위 없이 기쁘겠지만, 반대로 거부감을 보일 때도 있다. 그렇지만 이것이 하나님의 역사에 도움이 될지 모른다는 마음으로 준비하는 것이다.

때를 얻든지 못 얻든지 전한다

성경 기자들은 질서와 규모에 따라 성경을 기록했다. 모든 성경은 하나님의 감동으로 된 것이지 그냥 쓰여진 것이 아니다. 특별히 이방인들을 전도하고 지위가 높은 사람을 전도할 때 하나님은 사도 바울을 사용하셨다. 하나님의 영(靈)이 편만하지만 각 사람에게 역사할 때는 똑같이 역사하지 않는다. 복음을 전할 기회가 있을 때 나에게 성경이 없어서 그 기회를 놓치면 나는 매우 후회한다.

'아, 성경을 챙겨놓을 걸, 전할 걸.'

사도 바울도 때를 얻든지 못 얻든지 복음을 전하라고 했다.

너는 말씀을 전파하라 때를 얻든지 못 얻든지 항상 힘쓰라 범사에 오래
참음과 가르침으로 경책하며 경계하며 권하라 딤후 4:2

물론 내가 아무리 복음을 전해도 상대방이 받아들이지 않을 수도
있다. 그동안 내가 복음을 전한 사람들을 살펴보더라도 다 가지각색
이다. 복음을 바로 받아들이는 사람, 5년 후, 10년 후에 받아들이는 사
람, 욕을 하다가 어느 날 갑자기 복음을 받아들이는 사람도 있었다. 그
러나 말씀에는 능력이 있다. 우리는 디모데후서 말씀을 확신하고 때
를 얻든지 못 얻든지 전해야 한다. 만약 복음을 전할 기회가 왔는데도
놓쳐버리면 마음이 불편하다. 후회하게 된다.

'아, 할 걸. 아무것도 아닌데. 욕을 먹든 안 먹든 할 걸.'

이런 생각이 들지 않도록 후회하지 않으려고 나는 항상 만반의 준
비를 한다. 항상 준비한다는 것이 그리 쉽지는 않지만 준비해두어야
마음이 편하다. 기회가 왔을 때 성경을 선물하고, 간증 테이프를 전해
야 내 마음이 편안하다.

만나는 사람에게 성경을 건네는 일도 나로서는 굉장한 용기를 내는
일이다. 하나님이 용기를 주신 것이다. 기도로 준비하고 갔어도 그 앞

에서는 입을 딱 다물고 싶을 때가 있다. 아무 말도 하고 싶지 않다. 하지만 이왕 뗀 걸음이기 때문에 한다. 듣든지 안 듣든지, 나를 욕하든지, 뺨을 때리든지, 침을 뱉든지 한다. 상대가 어떻게 나오든지 간에 나는 그렇게 하는 것이 맞다. 왜냐하면 확신하기 때문이다.

> 내가 수고를 넘치도록 하고 옥에 갇히기도 더 많이 하고 매도 수없이 맞고 여러 번 죽을 뻔하였으니 유대인들에게 사십에서 하나 감한 매를 다섯 번 맞았으며 … 또 수고하며 애쓰고 여러 번 자지 못하고 주리며 목마르고 여러 번 굶고 춥고 헐벗었노라 고후 11:23,24,27

그런데 이런 마음을 먹고 가도 그 앞에서 말문이 막힐 때는 마음이 어렵다.

'어떻게 해야 하나? 그냥 포기해버릴까? 그래도 기회가 왔는데, 절대 안 믿더라도 하자! 절대가 어디 있어?'

그러고 다시 해보는 것이다. 사도 바울 역시 기회가 왔을 때 복음을 전해야 마음이 편했을 것이다. 그러니까 수없이 맞고 여러 번 죽을 뻔하면서, 미쳤다는 말 듣기를 감수하면서 복음을 전한 것이다.

> 베스도가 크게 소리 내어 이르되 바울아 네가 미쳤도다 네 많은 학문이 너를 미치게 한다 하니 바울이 이르되 베스도 각하여 내가 미친 것이 아니요 참되고 온전한 말을 하나이다 행 26:24,25

고난으로 낮아지는 마음

내가 대구고검에서 다시 광주고검으로 왔지만 그게 끝이 아니었다. 광주로 오니 나와 한 부서에서 근무하던 후배 검사가 나의 직속상관으로 왔다. 하루아침에 입장이 뒤바뀌었다. 이 상황을 견딜 수 있는 사람은 거의 없을 것이다. 눈물이 아니면 견딜 수가 없다. 그래서 검사들은 이런 상황에 처하면 으레 사표를 던진다.

나는 십자가에 달리신 예수님을 생각했다. 예수님도 십자가에 못 박히는 고통보다 로마 군병들이 예수님의 옷을 벗겨서 수치스럽게 한 고통을 더 견디기 힘드셨을 거라는 생각을 종종 한다. 부끄러운 것은 정말 견디기 어렵다. 그때 나의 고뇌는 이루 말할 수 없다. 고난 속에서 순종한다는 것이 너무나 힘이 들었다.

일산지청에서 대구로 좌천되고 난 첫해에 후배가 차장검사로 왔고, 2년째가 되니 2년 후배가 상관이 되었는데, 다시 광주에 와보니까 3년 후배가 상관으로 왔다. 사실 그래서 내가 더 광주에 가지 않으려고 했던 것이다. 점점 연차가 벌어지는 후배가 상관으로 오니까 그 밑에서 일하기가 힘들었다. 쉽게 말해 회사 사장이 강등되어 상무가 되고, 상무가 사장이 됐다고 생각해보라. 강등된 사장이 상무 밑에서 얼마나 견딜 수 있을까.

더욱이 검찰청은 상하 관계가 확실한 조직이다. 결재권이 있기 때문에 후배였던 상관에게 결재를 받아야 한다는 것이 더 견디기 힘들다. 이제는 내 동기들도 다 나가버렸고 남은 것은 후배뿐이다. 검사는 변호사의 길이 열려 있기 때문에 그다지 어렵지 않게 나갈 수 있다. 나 역시 그 길로 가려고 했지만 하나님이 막으셨다. 그러면 내게 무엇이 남았겠는가. 하나님 한 분만 남았다.

그런데 참 신기한 것은 내가 간증을 하면서 이것이 고난이라고 하니까 어떤 분들은 '그런가보다'라고 생각하고 또 어떤 분들은 "그게 뭐가 고난입니까?"라고 말했다. 내가 생각하는 고난과 성도들이 생각하는 고난이 달랐다. 하나님이 내게 좋은 직업을 주셨고, 일할 수 있는 자리를 주셨고, 검찰을 떠나 변호사를 할 자격을 주셨다. 참으로 감사할 일이다. 그러면서 내가 깨달은 것이 있다.

'아, 비교하면 불행해지는구나.'

나도 후배, 동기, 선배를 놓고 비교하니까 굉장히 불행해졌다.

'옛날에는 잘나갔는데 지금 이 꼴이 뭐야!'

그렇지만 하나님은 나를 '절대적'으로 창조하셨지 '상대적'으로 창조하지 않으셨다. 이 진리를 깨닫게 하셔서 내가 평안을 되찾게 되었다. 저 사람이 나보다 승진을 빨리해서 내가 비참해지는 게 아니다, 내상관이 나보다 후배지만 각자의 자리에서 자기 일을 한다, 후배에게 결재 못 받을 일이 없다고 생각하니까 문제가 없었다. 이렇게 생각하게 되기까지 시간이 꽤 걸렸다. 하지만 번민 끝에 이것을 깨닫고 나서 다른 사람과 비교하지 않게 되니 매우 좋았다. 비교해서는 아무것도 얻을 수가 없다.

나의 나 됨은 다 하나님으로 인한 것이니 다른 사람과 비교하지 말아야 한다. 비교하지 않으니까 감사하고 행복했다. 전도할 마음을 주신 것에 감사하며 전도하니까 전도의 열매가 많이 맺혔다. 복음을 전해줘서 고맙다는 인사를 듣고 또 그 분이 행복해 하니까 감사할 따름이다.

세상의 다른 검사들이 내가 만나는 각계각층의 많은 사람들을 만날 수 있을까? 나는 아니라고 단언할 수 있다. 세상 검사는 높은 곳을 바라보지만, 하늘의 검사는 낮은 곳을 향한다. 낮은 곳을 바라보기 때문에 나의 고난 역시 어려운 사람들을 위로하라고 하시는 하나님의 메시지로 받을 수 있었다.

나를 낮추신 이유

어느 날 교도소에서 편지 한 통이 왔다.

"장로님, 참 힘드시죠? 하지만 장로님을 낮춘 것은 교도소에 있는 저 같은 사람들을 위로하려고 한 거예요. 장로님이 낮아지니까 우리가 위로를 받아요. 장로님이 더 높은 사람이 되면 우리가 처다볼 수 없을 거예요."

하나님이 이만큼 복을 주셨으면 감사해야 한다. 자신의 상황에 감사하지 않고 자꾸 옆을 돌아보고, 뒤를 돌아보고, 위를 올려다보고 비교하면 자기 자신만 비참해질 뿐이다.

'저 사람은 저렇게 잘나가는데 나는 왜 이런가.'

이런 생각은 하나님이 원하시는 것이 아니다.

마음이 낮아지니까 행복해졌다. 나는 지금 무얼 해도 행복하다. 쉽지 않았지만 하나님이 결국 여기까지 오게 하셨다. 물론 나 혼자라면 불가능했을 일이다. 나의 마음이 낮아지니까 성도들이 내 간증을 듣고 전보다 더 큰 은혜를 받았다. 성경에 틀린 말이 하나 없다. 고난은 유익하다. 진짜 눈물이 날 정도로 감사한 일이다.

> 고난당한 것이 내게 유익이라 이로 말미암아 내가 주의 율례들을 배우게 되었나이다 시 119:71

요셉과 다니엘도 자신의 처지를 전과 비교했다면 어땠을까. 요셉은 바로의 친위대장 보디발의 가정 총무였다. 그런데 하루아침에 감옥에 갇힌 신세라니, 전과 계속 비교했으면 아마 견디지 못했을 것이다. 그런데 그는 비교하지 않고 하나님을 바라보았다. 감옥에서도 다른 사람과 비교하지 않고 열심히 하나님을 경외하며 같은 처지에 놓인 사람들을 돌보았다. 낙심하지 않았더니 하나님께서 그를 애굽의 총리로 세우셨다. 다니엘도 총리를 하다가 사자 굴에 던져졌을 때, 사람과 상황을 원망하지 않았다. 낮은 마음을 가지고 오직 하나님만 신뢰했기 때문에 하나님이 구원해내서서 다시 바벨론의 총리로 세우셨다.

내가 고난을 겪어보니까 성경의 사건들이 가슴 깊이 들어왔다. 고난을 잘 참고 있을 때 하나님이 그들을 사용하셨다. 이것을 낮아짐의 고난이라고 할 수 있는데, 낮아지기까지가 참 어렵다. 그러나 내 마음이 낮아지면 세상이 더 아름답게 보이고 행복해진다. 그리고 나보다 더 낮은 사람을 위로해야겠다는 마음이 든다. 내게 있는 것은 다 하나님이 주신 것이기 때문이다.

로마서 15장에 이런 말씀이 있다.

믿음이 강한 우리는 마땅히 믿음이 약한 자의 약점을 담당하고 자기를 기쁘게 하지 아니할 것이라 우리 각 사람이 이웃을 기쁘게 하되 선을 이루고 덕을 세우도록 할지니라 롬 15:1,2

나는 이 말씀의 의미를 고난을 통해 이해하게 되었다. 믿음이 없는 사람은 약하다. 세상적으로 나보다 잘사는 사람일지라도 약하다. 아무리 높은 지위에 오른 사람이라도 복음 안에 있지 않으면 약한 사람이다. 실제로 그렇다. 나도 그런 사람들을 많이 만나보았는데 그 사람은 항상 근심걱정에 사로잡혀 살아간다.

'내가 죽으면 어떻게 될까? 교통사고라도 나면 어떻게 될까? 하루 아침에 가족이 없어지면 어떻게 될까?'

그들은 항상 불안해 한다. 그러나 우리 그리스도인은 불안하지 않다. 믿음 안에 바로 선 사람보다 강한 사람은 없다. 그들이 예수 믿는 사람을 우습게 여기는 것 같아도 실상은 그렇지 않다. 마음속으로는 이렇게 생각한다.

'저 사람은 아무것도 없는데 왜 저렇게 얼굴이 좋아 보일까? 저 사람에게는 있고 나에게 없는 것은 무엇일까?'

내가 영향력 있는 사람들을 많이 전도했다고 해서 유독 잘나고 부자인 사람을 전도하고 싶어 하는 것은 아니다. 그 사람에게 전도하면 더 빨리 더 많은 사람들을 전도할 수 있기 때문이다. 그 사람을 통해 더 많은 사람들이 하나님나라로 올 수 있기 때문이다. 다 목적이 있다. 일례로 한 회사의 사장을 전도해서 그가 변화되면 그 회사 직원들이 전도되는 것을 나는 내 눈으로 수도 없이 보았다. 사장을 전도하면 직원들이 교회에 오고, 감독을 전도하면 선수들이 교회로 나온다. 내가 그 맛을 보았기 때문에 그들을 전도하는 것이다. 내가 전도한 사람이 믿지 않는 사람들을 더 많이 데려오는 게 감사했다. 우리의 전도 대상은 남녀노소, 부자와 가난한 사람, 많이 배우고 못 배운 사람을 불문한다.

돌아보니 호남 지역에서도 정말 많은 곳을 다녔다. 보길도, 목포, 여수, 순천, 군산, 곡성, 남원, 보성, 고흥 등 계속해서 수요일, 금요일 또 주일에도 간증집회가 있었다. 지방에서 그것도 특별히 큰 교회가 아니라면 대부분의 교회에서 관공서의 기관장을 만나거나 초대하는 일은 흔치 않다. 그렇기 때문에 교회에서도 나의 간증집회와 아울러 경찰서장이나 소방서장, 그 지역에 영향력 있는 분들을 초청하기도 하고, 나 역시 간증집회 초청에 응한 김에 그 분들과 만나 식사하고 성경도 선물했다. 또 권면하여 한 분이라도 더 예배에 참석해서 복음을 들을 수 있도록 애썼다. 호남에서도 나의 직책을 복음 전도에 사용해 주신 하나님께 나는 참으로 감사했다.

많은 사람을 옳은 데로 돌아오게 한 자는
별과 같이 영원토록 빛나리라

다니엘서 12장 3절

예수승리
하늘영광

나의 사명 ; 전도의 성공자는 오직 하나님이시다

chapter 08

가장 바쁜 검사,
장로 전도왕 되다

.

장로와 전도

나는 2002년 2월에 장로가 되었다. 만 46세의 나이, 명성교회 최연소 장로 장립 기록이다. 내가 최연소 장로가 될 수 있었던 이유는 다른 것이 없다. 교회에서 전도에 대한 나의 열심을 높이 평가하고 신뢰해 주었기 때문이다. 그만큼 전도하는 사람에 대한 교인들의 신뢰는 전폭적이다.

사실 장로들은 전도를 잘 안 한다. 내가 집사였을 때는 전도하는 것을 전폭적으로 지지하고 격려해주던 분들도 내가 장로가 되자 "장로가 채신머리없이 뭐하는 거야?" 하며 나를 나무랐다. 장로들 사이에 "나는 교회의 어른으로 어느 정도 위엄을 갖춰야 한다"는 생각이 공공

연히 공유되어 있는 것 같다. 그러다보니 근엄해 보이기에 급급해서 교인들을 섬기고 열심히 전도하는 일에 뒷전인 경우가 있다.

그러나 나는 장로가 된 후에도 전도하는 일을 멈추지 않았다. 그것이 하나님이 내게 주신 사명이었기 때문이다. 또한 교인들 누구를 만나더라도 먼저 인사하기 위해 더 열심히 달려갔다. 장로 됐다고 고개에 힘주고 뻣뻣하게 다니면 교인들이 시험에 들 수 있다. 교만한 장로는 전혀 영향력이 없다. 교회를 깨뜨리지 않으면 다행한 일이다. 그러나 변화된 장로, 먼저 섬기는 장로는 교회를 변화시키고 주변 지역을 변화시킨다.

변화된 장로의 영향력

내가 대구고검에서 근무할 때, 영주의 어느 교회 초청으로 간증을 하러 갔다. 그때 그 교회 수석 장로가 건설과 레미콘 사업을 크게 하시던 정인수 장로였다. 함께 식사를 하고 그 분의 차를 타고 교회로 가는 도중, 나는 운전하는 기사 직원을 보고 궁금한 생각이 들었다.

'저 기사는 과연 예수님을 잘 믿고 있을까?'

궁금증을 참지 못하고 나는 직접 물어보았다.

"기사님, 예수 잘 믿으시지요? 회장님 닮으셔서?"

그랬더니 기사 직원이 정색을 하며 대답했다.

"아니요. 저도 예수님을 믿어보고 싶긴 한데, 교회 앞에 도착하기만 하면 회장님이 꼼짝 말고 차에서 대기하라고 하셔서 아직 한 번도 예배당에 들어가본 적이 없습니다."

나는 다만 기사 직원과 짧은 대화를 나누었을 뿐이다. 그런데 이 말을 들은 정인수 장로의 얼굴이 귀까지 벌게지셨다. 부끄럽기도 하고 미안하기도 하신 듯 보였다. 차가 교회 앞에 도착할 때쯤 되어서는 아예 눈에 눈물을 글썽이셨다. 순간 내가 괜한 것을 물어서 그 분을 불편하게 해드린 것 같다는 생각이 들었다. 그러나 내 우려와 달리 정인수 장로는 차에서 내리며 기사를 향해 다정히 말했다.

"오늘부터 같이 들어가세. 그동안 내가 미안했네."

나는 하나님의 인도하심으로 2시간에 가까운 간증을 은혜롭게 마쳤다. 보수적인 교회인데 간증이 너무 길었나 싶어 살짝 긴장이 되기도 했지만, 언뜻 보니 교인들도 은혜를 받은 것 같았다. 간증을 마치고 나오는데 반가운 소식이 들렸다.

"장로님, 이 사람이 오늘 예수님을 영접했습니다!"

정인수 장로의 기사 직원이 예수님을 영접했다는 이야기다. 할렐루야! 모든 것이 주님의 은혜였다.

일주일쯤 지나 그 기사 직원에게서 전화가 왔다.

"검사님, 우리 회장님이 완전히 변했습니다!"

고무된 목소리에 나도 덩달아 흥분하여 어떻게 변하셨느냐고 물어보았더니, 들려주는 얘기가 이렇다.

집회를 마친 바로 다음날 월요일에 회사에 출근하자마자 정 장로가 전 직원을 모아놓고 이렇게 선포했다고 한다.

"그동안 제가 미처 말을 못했는데, 이제 확실히 하겠습니다. 교회에 다니고 계신 분들은 계속 열심히 다니시면 되고, 아직 예수님을 믿지 않고 교회에 다니지 않는 분들은 돌아오는 일요일부터 제가 다니는 교회에 함께 다니면 좋겠습니다. 교회에 다니기 싫으신 분들이 있다면 앞으로 조금 귀찮아지실 겁니다. 제가 끈질기게 따라다닐 겁니다!"

오랫동안 그 장로를 모셨던 기사도 깜짝 놀랐다고 한다. 그뿐만이 아니다. 다니는 협력업체마다, 만나는 거래처 사장마다 따뜻하게 대하시며 "뭐 도와드릴 것 없습니까?"라고 먼저 세심히 살피고 챙기다가 이야기 끝에는 꼭 "돌아오는 일요일에 저와 함께 교회에 가십시다" 하며 교회에 나올 것을 적극 청하신다고 한다.

오직 성령이 너희에게 임하시면 너희가 권능을 받고 예루살렘과 온 유대와 사마리아와 땅 끝까지 이르러 내 증인이 되리라 하시니라 행 1:8

그렇게 해서 거래처 사장들이 예수님을 영접하고 또 그 가족들과 직원들까지 교인이 되는 일이 부쩍 잦아졌다. 자신의 운전기사에게도 함께 교회에 가자 말씀 한 번 안 하시던 분이 완전히 변화되어 전도의 용사가 된 것이다. 한 사람이 진정으로 변화되면 그 한 사람이 교회 전체에 영향을 미치고, 또 그 지역의 많은 영혼들을 교회로 인도하여 전도의 놀라운 열매를 맺는 은혜를 맛보게 된다. 더욱이 교회 장로의 변화는 그 영향력이 매우 크다.

"교회에 오시게. 예배드리고 내가 점심을 살 테니…."

가장 놀라운 사명

나의 간증을 듣고 변화되었다는 이야기를 전해 들을 때마다 나는 은혜와 감격으로 어찌할 바를 모르겠다.

'아, 내가 한 것이라고는 그저 하나님이 주신 말씀과 체험을 그대로 전하고 선포한 것밖에 없는데, 이 작은 자를 통해 한 사람이 변화되고 또 수많은 사람에게로 그 영향력이 흘러가다니! 정말 하나님이 일하시는구나!'

이런 감격 속에서 다시 한번 하나님께 무릎 꿇고 나를 더욱 사용하시도록 내어드리게 된다.

사실 내가 이렇게 간증을 하러 다닐지 나도 전혀 몰랐다. 나는 간증하기 위해 태어난 사람도 아니고 또 간증에 전혀 관심도 없었다. 그저 하나님이 주신 사명에 따라 전도에 힘쓰며 교회의 부름에 순종하다보니 본의 아니게 간증 사역을 많이 다니게 되었다. 그렇지만 더 은혜 받는 쪽은 나다. 부족한 나의 간증을 통해 누군가의 삶이 변화되고 교회가 변화되는 놀라운 하나님의 역사를 두 눈으로 목도하게 되기 때문이다. 그럴 때마다 하나님의 경이로움에 정말로 탄복할 수밖에 없다.

우리 인생에 가치 있는 일이 여러 가지가 있겠지만, 그중에 가장 가치 있는 일은 절대자이신 창조주 하나님을 믿는 것이다. 나 혼자 하나님을 믿는 것이 아니라 뭇 영혼들을 하나님 앞으로 인도하는 가장 가치 있는 사명을 나에게 맡겨주셨으니 어찌 하나님께 감사드리지 않을 수 있겠는가.

특별 전도 시범

2005년 4월 크리스천 영재학교 명성다윗아카데미가 개교했다. 나는 이 학교 프로그램의 기획과 창설을 돕고 3년간 부원장을 맡아 교회 교육을 위해 힘썼다.

그해 여름 방학을 이용해 명성다윗아카데미 학생과 교수들이 미국으로 특별 연수를 갔는데, 이때 학생들에게 과연 무엇을 보여줄 것인지를 놓고 나는 오랫동안 고심하고 기도했다. 기도 끝에 내린 나의 결론은 평소 중요하게 가르쳤던 대로 "모든 사람이 구원을 받으며 진리를 아는 데에 이르기를 원하시느니라"(딤전 2:4)는 말씀을 따라 역시 '전도'에 초점을 맞춰야겠다는 것이었다. 특별히 이런 기회를 통해 직접 전도하는 모습을 보여주는 것이 중요하다는 생각이 들었다.

먼저 비행기 안에서 시범을 보이기로 했다. 그러나 막상 보여주려고 하니까 더 힘들었다. 생면부지의 스튜어디스 전도가 내 마음대로 되는 것도 아니고, 게다가 우리 자리는 맨 뒷좌석이었기 때문에 스튜어디스가 잘 오지도 않았다.

나는 기도하면서 화장실을 오가는 길에 아니면 스튜어디스가 우리 자리로 올 때 살짝 나의 신분을 밝히고 대화를 시도했다. 지혜롭게 해야 했다. 바쁠 때 무턱대고 전도를 시도하다가는 오히려 민폐만 끼칠 수 있기 때문이다. 조금 한가해 보이는 시간에 한마디 건네고 눈치 봐서 다시 한마디 건네는 식이었다. 그렇지만 사실 전도는 말을 많이 한다고 되는 것도 아니고 또 말을 적게 한다고 안 되는 것도 아니다.

한참을 한마디씩 시도해도 별다른 호응이 없는 것 같아 '학생들이 보고 있는데 이를 어쩌나' 하는 마음에 초조해질 무렵, 그 스튜어디스가 내게 다가왔다. 노력하는 내 모습을 지켜보고 있었던 것이다. '저 사람이 검사라는데 뭐 때문에 이렇게 열심인가?' 하는 마음이 들어가기 시작한 모양이다. 그 스튜어디스가 마음이 열렸는지 내게 자신의 명함을 건네주었다.

"제가 한국으로 돌아오는 대로 이메일과 문자를 보내겠습니다. 언제 교회에 한번 와줄 수 있겠습니까?"

내가 명함을 받고 이렇게 묻자 이분이 그 자리에서 가겠다고 약속했다. 그 자리에 있던 학생들이 모두 놀라고 나도 놀랐다. 나는 그 분이 전도 시범을 기대하고 있던 학생들에게 베푸신 하나님의 교육용 교구가 아니었을까 싶어 참 감사했다.

우리가 뉴욕에 간다는 이야기를 듣고 마침 알고 지내던 뉴욕순복음교회 김남수 목사로부터 새벽 간증을 부탁받았다. 4일 동안 새벽예배 간증을 하면서 나는 하루 2시간씩 자고 움직였다. 그러나 불평 없이 순종했을 때 모두에게 큰 은혜가 임했다. 학생들도 은혜 받고, 교인들도 은혜 받고, 나도 은혜였다.

어떻게 보면 학생들의 신앙 훈련을 위해 연수를 떠났지만, 나 자신에게도 훈련의 시간이 되었던 것 같다. 신앙은 말로 하는 것이 아니라 행동으로 보이는 것이기 때문이다.

뉴욕에서 특별히 기억에 남았던 것은 유엔본부를 방문하게 된 일이었다. 그때 마침 우리의 안내를 맡은 분이 한국인이었는데, 이분이 어찌나 친절하고 성심성의껏 안내하고 설명해주는지 우리는 연신 "고맙습니다"를 입에 달고 다녔다. 공손한 우리의 태도에 이분의 마음도 한결 더 부드러워지고 열리는 것 같았다. 학생 중 한 명이 내게 물었다.

"장로님, 저분을 전도하면 어떨까요?"

나는 자연스럽게 성경 한 권과 간증 테이프를 건네주면서 우리가 어떤 모임이며 무슨 목적으로 미국에 왔는지를 설명했다. 그랬더니 이분이 무척 감동을 받았다고 하시며 내게 명함을 건네주었다. 하지만 나는 그가 사는 뉴욕에서 그를 직접 교회로 인도할 수 없기에 뉴욕의 지인에게 부탁하여 그 분을 교회로 인도하도록 연결해주었다.

뉴욕에서의 마지막 날, 김승진 장로께서 자신의 집으로 학생들과 교수들을 모두 초청하여 식사를 대접해주었다. 더불어 학생들을 위해 즉석 특강도 진행해주었다. 김승진 장로는 한 언론사에서 선정한 '해외에서 성공한 100인'에 꼽힐 만큼 성공한 기업인이자 신앙적으로도 크게 도전이 되는 분이었다. 비록 하룻밤이었지만 김승진 장로의 집에서 보내는 시간 동안 학생들이 받게 된 도전과 감화는 남달랐을 것이다. 우리가 흔히 말하는 세상적 성공에 머무는 것이 아니라 영적 거부(土富)인 믿음의 선배를 직접 만나 진정한 성공의 실체가 무엇인지 목도했으리라 생각한다.

방해 가운데 숨겨진 하나님의 뜻

주(主)의 일을 하다보면 방해하는 일이 반드시 생긴다. 내가 계속 사람들을 교회로 인도해 오면서 반드시 지키고자 했던 것은 새신자끼리만 예배드리게 하지 않는 것이다. 그래서 몇 분에게 도움을 요청해서 한 사람이 새신자 두세 명씩 맡아서 함께 예배드리도록 부탁했다.

그런데 장애물이 하나 있었다. 어느 교인의 자리 고집이었다. 그는 특정 자리를 고수하며 "여긴 내 자리니까 다른 곳으로 가시오. 내 자리는 절대 양보할 수 없소!" 하고 고집을 부렸다. 그래서 새신자를 중심으로 한 줄로 쭉 앉으면 좋은데 들쭉날쭉 앞뒤로 앉아 예배를 드리느라 몇 년 동안 꽤 고생했다. 자리 문제 말고도 그는 여러 가지 일로 은근히 계속해서 방해를 했다. 물론 그 사람이 밉기는 했지만, 이 일 가운데 하나님의 뜻이 있을지 모른다는 생각에 불평은 단 한마디도 입 밖으로 내뱉지 않았다.

어느 주일, 그날도 나는 새신자와 함께 예배를 드리고 나왔다. 그런데 그가 내 앞에 와서 펑펑 우는 것이다.

"장로님, 제가 지금까지 3년 동안이나 장로님을 못살게 굴었는데, 제가 정말 잘못했습니다. 제가 무슨 생각으로 그랬는지 저도 모르겠습니다."

교인들이 보는 앞에서 통곡하며 용서를 구하는 그에게 나는 이렇게 말해주었다.

"집사님, 괜찮습니다. 이 일을 통해서 하나님이 집사님을 전도자로 세우려고 하시는지 모릅니다."

정말로 그는 하나님이 바로 세우기 원하신 전도자였던 것 같다. 그 역시 진작부터 새신자들을 인도해 함께 예배드리고 그들을 새신자 교육실로 안내하는 사역을 감당하고 있었다. 그러다 마치 자신이 내게 그런 것처럼, 자신을 괴롭게 하는 성도를 만나 그 영혼이 깨어지고 깊은 회개 가운데로 나아갔던 것이다.

그날 이후 그는 사람이 완전히 변했다. 자리를 고집하는 고집불통 성도에서 가난한 마음으로 새신자들을 인도하고 돕는 전도자로 세워졌다. 하나님은 참으로 오묘하신 분이다. 사도 바울을 핍박하는 자에서 전도하는 자로 바꾸셨듯이 그렇게 그를 사용하셨다.

이 일을 겪으면서 방해자를 단순히 방해자로만 생각하면 안 되겠다는 생각을 했다. 하나님의 일을 하는 가운데 어쩌면 방해는 필연적이라는 생각이 든다. 중요한 것은 그 방해 가운데 숨겨진 하나님의 뜻을 발견하는 것이다. 하나님의 뜻을 발견하고 그 뜻에 순종할 때, 하나님께서는 놀랍게 섭리하시며 합력하여 선(善)을 이루어주신다.

이 아파트를 나의 산지로!

하나님의 계획은 실로 신묘막측하다. 우리의 작은 기도도 흘려 들으시는 법이 없다. 특히 그것이 전도에 관한 것이라면 말이다.

언젠가 아파트 설비에 문제가 있어 설비 팀에 전화를 했더니, 설비 팀장이 직접 올라왔다. 그런데 나를 보자 이분이 깜짝 놀라는 것이다. 알고 보니 며칠 전에 내가 간증을 갔던 교회의 교인이었는데, 이분이 그날 간증 때 꽤 은혜를 받았던 모양이다. 그때 현관에 쌓여 있던 내 간증 시디(CD)와 테이프를 보더니 이걸 좀 줄 수 없겠느냐고 요청했다. 나는 흔쾌히 그러시라고 하며 드렸다. 이분이 나의 간증을 들으며 도전을 받고 "나도 전도를 해야겠다. 설비 문제로 나를 부르는 집집마다 찾아가서 예수님을 전하자"라고 결단했다는 것이다.

내가 기도했던 일들이 이루어지고 있다는 마음의 감동이 왔다. 나는 8년 전에 이 아파트에 이사를 오면서 하나님께 이렇게 기도했다.

"하나님, 이 아파트를 저에게 산지로 주실 줄로 믿습니다!"

이렇게 기도하고 아파트에서 어떤 누구를 만나더라도, 이웃 주민을 만나든, 경비원을 만나든 밝은 얼굴로 먼저 인사하고 공손하게 대하려고 노력해왔다. 그러다가 하나님께서 예비하신 동역자로 아파트의 설비 팀장을 만나게 하신 것이다.

그를 만나면서 그와 동역하여 전도하라는 하나님의 분명한 뜻을 알 수 있었고 또한 지금까지 한 사람 한 사람에게 전도하던 것이 이제 폭발적으로 일어날 수 있으리라는 생각이 들었다. 지금도 나는 간증을 하고 그가 생생한 간증 시디를 가가호호 방문하여 전달하며 복음을 전하고 있다. 그야말로 절묘한 동역이 이뤄지고 있다.

가족 전도 군단

내가 변화되어 일상생활 속에서도 전도에 열심을 내자 아내와 딸 역시 언제든 하나님의 복음을 전할 준비가 되어 있다. 일종의 가족 전도 군단이 형성된 것이다. 내가 어디를 가든지 성경과 간증 테이프와 시디를 챙겨서 다니는 것처럼 아내의 핸드백 속에도 항상 내 간증이 담긴 테이프와 시디가 들어 있었다.

아내가 은행에 예금 상담을 받으러 갔을 때의 일이다. 그때 아내와 상담한 직원이 오영국 차장인데, 아내는 은행을 나서면서 내 간증이 담긴 시디를 하나 건네고 왔다. 〈어느 검사의 이야기〉라는 시디였다. 그가 "이게 뭡니까?" 하고 다소 황당한 표정을 지으며 아내에게 물었다. 아내는 별 다른 이야기 없이 "그냥 한번 들어나 보시라고요!"라고 말하고 은행을 나왔다.

나중에 알게 된 이야기인데, 오영국 차장의 어머니가 지극정성으로 부처에게 불공을 드려 난 자식이 오 차장이었다. 또 오 차장의 처형이 서울 모 교회 권사로, 제부와 여동생을 전도하기 위해 오랫동안 애를 쓰고 있었다고 한다. 처형으로부터 목사의 설교 테이프도 여러 번 받았지만 그때마다 그는 어머니께 불효할 수 없다는 생각에 모두 갖다 버렸다. 이 시디도 버릴까 말까 고민하다가 〈어느 검사의 이야기〉라고 하니 궁금한 마음에 들어보기로 했다. 그런데 한참을 듣다보니 이것이 검찰청 이야기가 아니라 하나님 이야기가 아닌가. 그때부터 그의 마음속에서 전쟁이 시작되었다. 계속 들으면 어머니께 불효하는 것이 되고, 그냥 버리자니 은근히 재미가 있다.

끝까지 다 듣지 못하고 집에 들어가서 그의 아내에게 함께 들어보자고 했다. 듣고 은혜가 되었는지 다음날 출근하면서 다시 한번 들었다. 이상한 일이 벌어졌다. 가슴이 뜨거워졌다. 그래서 사무실로 올라가자마자 그 시디를 전해준 아내에게 전화를 했다.

"사모님, 이게 무슨 일입니까? 이 감정의 정체가 뭡니까? 이게 사람들이 말하는 '은혜'라는 겁니까? 사모님, 잠깐 오시면 안 되겠습니까?"

그 소리에 아내는 열 일 제쳐두고 달려갔다. 상대가 은혜 받았을 때, 우리를 필요로 할 때 우리는 달려가줘야 한다. 그때 그 마음을 어루만져주고 상담해주고 대화하는 것이 중요하다. 아내를 만나자 오 차장이 대뜸 이렇게 물었다.

"이 검사님이 대체 어떤 사람입니까? 제가 이분을 한번 만나볼 수 있습니까?"

아이를 동역자 삼은 아내의 지혜

그때 내가 광주에 있을 때여서 평일에 만날 수가 없었다. 그래서 주일 낮에 교회에서 보기로 했다. 마침 오영국 차장의 집이 명성교회 근처에 있는 아파트였다. 주일에 그를 기다리고 있는데 약속 시간이 지나도록 오영국 차장이 나타나지 않았다. 전화를 해보았더니 오는 길에 갑자기 아이가 아파서 병원에 들렀다고 한다. 때를 놓치면 안 될 것 같아 나와 아내는 좀 더 기다렸다가 오 차장 가족과 만났다.

예배 시간에 늦어서 본당이 아닌 비디오실에서 함께 예배를 드리는데, 아이가 자꾸 보챈다. 아내가 지혜롭게 보채는 아이를 데리고 나갔다. 그 덕분에 나는 편하게 오영국 차장 부부와 함께 예배를 드리고 가져간 성경도 선물하면서 이야기를 나눌 수 있었다.

그날은 그렇게 예배를 마치고 헤어졌다. 처음부터 교회에 등록하라고 하면 부담스러워 할 것이 분명했기 때문이다. 그러나 다음 주에 또 올지는 미지수였다. 그런데 아내가 "아마 다음 주에 또 나올 거예요"라고 말한다. 무슨 말이냐고 물었더니 아내가 아이와 함께 나갔을 때 얘기를 해주었다.

보채는 아이를 데리고 나가서 아이스크림도 사주고 인형도 사주었더니 아이가 무척 좋아하더란다.

아이를 데리고 교회 이곳저곳을 구경시켜주며 아내가 물었다.

"너 유치원 다니니?"

"네!"

"여기 교회에 네가 다니는 유치원보다 훨씬 더 재미있는 유치원이 있는데, 다음 주에 한번 안 가볼래?"

그러자 아이가 신나서 대답한다.

"갈래요! 거기 가면 선물도 주나요?"

"그럼! 선물도 주지!"

그러자 아이가 활짝 웃으며 다음 주에도 오겠다고 했다. 아내는 다시 한번 물었다.

"그런데 다음 주에 아빠가 안 오시겠다고 하면 어쩌지?"

그랬더니 아이는 "제가 떼를 쓰죠"라고 말하며 아무 걱정 없다는 듯 해맑은 표정이다.

다음 주가 됐다. 만반의 준비를 하고 기다리는데, 오영국 차장이 아내와 아이를 데리고 왔다. 아내의 작전이 성공한 것이다.

역시나 오영국 차장은 교회에 가자는 딸아이의 요청을 거절했다고 한다. 그러자 아이는 아줌마와 약속해서 꼭 가야 한다고 울고불고 떼를 썼다. 하는 수 없이 아이를 데리고 교회에 나온 오영국 차장은 그 날부터 한 번도 빠지지 않고 열심히 신앙생활 하고 있다.

이 일 뒤에는 오영국 차장의 처형 권사의 눈물의 기도가 있었다. 10년 이상 기도하던 그 기도가 땅에 떨어지지 않고, 나와 아내를 만나 결국 교회로 인도함을 받게 된 것이다. 영혼을 품는 기도는 결코 땅에 떨어지지 않는다.

1년쯤 지났을 때 모 은행 강남본부 신우회 간사라면서 전화가 왔다. 오영국 차장의 목소리다. 신우회에서 말씀을 좀 전해줄 수 있느냐는 전화였다. 1년 만에 사람이 완전히 바뀌었다. 불공으로 태어나 철저한 불신자에서 이제는 신우회를 이끌고 동료 직원과 고객을 하나님께로 이끄는 전도자가 되다니 하나님의 놀라운 역사하심이다!

언젠가 동네 세탁소 아주머니가 세탁물을 가지러 우리 집에 왔을 때, 마침 집에 있던 딸 사랑이(현 명지대 디자인학부 교수)가 세탁물과 함께 현관에 쌓아둔 나의 간증 테이프를 함께 드렸다. 사랑이는 아빠인 나를 보며 몸에 배인 습관대로 건넨 테이프였지만, 그것이 한 사람을 완전히 바꾸어놓았다. 세탁소 아주머니가 그 간증을 듣고 크게 은혜를 받아 교회에 다니기 시작한 것이다. 그 후로 계속해서 신앙생활을 잘 하고 있다고 한다. 정말 전도는 일단 하고 봐야겠다는 생각이 들었다.

마음을 여는 말과 태도로

전도를 위해서 평소의 말 한마디와 태도가 굉장히 중요하다. 그래서 어디서고, 아무 때나 성급하게 말하고 행동해서는 안 된다. 말 한마디에 엄청난 폭발력이 있다. 말과 함께 생각도 매우 중요하다. 말은 생각의 연장선이기 때문이다.

그동안 내 경험에 비추어 보면 내가 말한 대로, 그리고 내가 생각한 대로 이루어졌다. 우리의 생각과 말에는 기도와 염원, 소망과 의지가 담겨 있다. 그래서 내 생각을 내 마음대로 해서는 안 되고, 나의 말을 내 마음대로 해서는 안 된다. '이 말이 어떤 영향을 끼치게 될까? 하나님은 이 말을 어떻게 생각하실까?'를 항상 생각해야 한다.

나는 여러 집회를 다니며 간증을 하고 검사 일을 하면서 어쩔 수 없이 말을 많이 하게 된다. 아무리 순간적으로 빨리 말해야 할 때에라도 한 번 더 생각하고 말하기 위해 애써왔다. 말 한마디가 사람의 마음을 열게도 하고 닫게도 한다. 은혜가 들어가는 통로가 되기도 하고 은혜를 막는 담이 되기도 한다.

말하는 이는 너희가 아니라 너희 속에서 말씀하시는 이 곧 너희 아버지의 성령이시니라 마 10:20

말에 이토록 엄청난 위력이 있기 때문에 우리는 분별력이 있어야 한다. 말을 해야 할 때와 하지 말아야 할 때, 그리고 해야 할 말과 하지 말아야 할 말을 분별해서 해야 하기 때문이다. 그러기 위해서는 평소 기도와 말씀으로 하나님과 늘 교제하는 관계를 유지해야 한다.

chapter 09

하나님의 복음
나팔수로 산다

한 사람을 전도하기 위해

1980년대 국내 패션 업계를 주름잡던 논노 그룹의 유승렬 회장을 알게 된 것은 꽤 오래 전 일이다. 그의 집은 불상을 3백여 개나 둘 정도로 대단한 불교 집안이었다. 내가 유 회장의 사업이 한창 번창할 때 그에게 복음을 전하기 위해 애썼지만 열매가 없었다. 나의 전도는 실패에 실패를 거듭했다.

하지만 전도의 성공자는 하나님이시다. 드디어 나의 눈물의 기도가 결실을 맺는 사건이 일어났다. 바로 논노 그룹의 부도였다. 사람들이 볼 때는 말이 안 되는 일일지 몰라도 하나님께서는 한 사람을 위해 계획하신 일이 있었다. 유 회장은 회사가 부도 나자 채권자의 등쌀에 못

이겨 해외로 도피했다. 결국 논노 그룹은 파산을 맞았고 그간 그를 따랐던 사람들이 다 등을 돌렸다.

사람은 믿을 만한 존재가 아니다. 오직 우리가 믿고 의지해야 할 분은 유일하신 하나님 한 분밖에 없다. 그런데 그것을 모르는 그가 그 당시 얼마나 큰 절망과 외로움에 빠져 있었겠는가?

절망 가운데 있을 유 회장을 생각하니 마음이 저려왔다. 나는 그를 만나기 위해 무작정 그가 있다는 외국으로 찾아갔다. 이 순간이야말로 그가 복음의 문으로 들어설 수 있는 지름길임을 하나님께서 알려주셨기 때문이다.

"저를 잡으러 왔습니까?"

내가 그를 찾아갔을 때 그의 첫마디가 이랬다.

말이 된다. 나는 검사이고 그는 회사를 부도내고 해외로 도피한 회장이기 때문이다. 하지만 나는 이렇게 말했다.

"아닙니다. 저는 회장님과 함께하는 사탄을 잡으러 왔습니다!"

놀라운 하나님의 말씀이 선포되었다. 그가 내 말을 듣고 얼마나 통곡하는지, 나도 그 자리에서 같이 울면서 절박한 영혼을 위로했다. 자살 일보 직전의 그에게 나는 예수님의 사랑을 전했고 돌아오는 주일에 한인교회에서 함께 예배를 드렸다. 결국 감격적인 예배를 통해 그는 예수 그리스도를 영접하게 되었다.

그는 그 후 하박국 선지자의 말씀이 그대로 적용되는 삶을 살고 있다.

비록 무화과나무가 무성하지 못하며 포도나무에 열매가 없으며 감람나
무에 소출이 없으며 밭에 먹을 것이 없으며 우리에 양이 없으며 외양간
에 소가 없을지라도 나는 여호와로 말미암아 즐거워하며 나의 구원의 하
나님으로 말미암아 기뻐하리로다 합 3:17,18

그는 재기하여 자그마한 회사를 세워 몇 명 되지 않는 직원들과 아
침마다 하나님께 감사예배를 드리며 하루를 시작한다. 믿음의 기업을
세운 것이다. 이 얼마나 놀라운 일인가. 예전에 아무리 돈이 많았어도
그의 얼굴에 기쁨이 없었는데 지금 그는 '예수'라는 보화를 마음에 소
유하고 천국의 삶을 살고 있다. 나는 하나님의 역사하심과 인도하심
이 유 회장의 변화된 심령과 가정과 기업 가운데 뜻이 하늘에서 이루
어진 것처럼 땅에서도 이루어질 것을 믿는다.

은근과 끈기로 전도한다

나의 초등학교 동창 이대영은 집안의 반대와 핍박에도 굳건한 믿음
으로 신앙생활을 하면서 회사에서 승승장구했다. 그런데 그가 독립해
서 차린 회사가 너무 잘되다보니 슬슬 세상 재미에 빠져들었다. 주말
이면 골프, 낚시, 등산을 하면서 한 주, 두 주 예배를 빠지기 시작했다.
그와 통화를 해보면 이번 주에 교회에 못 갔다는 이야기가 심심치 않
게 들렸다.

아무래도 이 친구가 믿음을 완전히 잃어버렸나보다 싶어 걱정되는

마음에 전화를 했는데 언제부터인가 내 전화까지 받지 않았다.

하루는 고린도전서 5장 3절 말씀을 보다가 마음에 감동이 와서 친구에게 문자를 보냈다.

"내가 실로 몸으로는 떠나 있으나 영으로는 함께 있어서…."

문자를 보낸 지 채 5분이 못 되어 그에게 전화가 왔다.

"김 장로…."

나를 부르는 친구의 목소리가 자못 심각했다.

"왜 이 문자를 보냈지?"

"요즘 전화도 안 받고, 이 말씀을 보는데 자네 생각이 나서 보냈지. 왜 무슨 일 있나?"

친구는 깊은 한숨을 한번 내쉬더니 이렇게 말했다.

"나 지금 죽으려고 한강 다리 위에 와 있네. 회사가 완전히 부도가 났어. 이제 내겐 아무런 희망이 없네."

"아니, 자살하려는 사람이 휴대폰은 왜 가지고 갔나?"

죽으려는 사람도 포기 못하는 게 휴대폰인 것 같다. 내 말을 듣더니 자기가 생각하기에도 우스웠는지 그가 피식 웃는다. 나는 친구의 웃음에 조금이나마 안심이 됐다. 그 틈을 타서 나는 친구에게 간곡히 청했다.

"이보게, 친구. 그러지 말고 나 좀 잠깐 보세."

그렇게 해서 친구를 만나 그간의 이야기를 들었다. 그동안 믿음을 잃어버리고 회사는 무너지고 이제 남은 것이라고는 감옥에 가는 것밖에 없다면서 죽고 싶은 심정이었다고 한다. 하나님께도 면목이 없고,

직원들 볼 낯도 없고, 가족들도 못 보겠어서 그날 진짜 자살하려고 한 강에 갔는데 때마침 내가 문자 메시지를 보낸 것이었다.

그러나 그것은 엄밀히 말하면 내가 보낸 것이 아니라 절체절명의 순간에 하나님이 보내신 것이었다. 그 친구를 죽음에서 생명으로 다시 불러내기 위해서 말이다. 그는 그때 죽지 않고 살아서 신앙을 다시 회복하고 사업도 다시 일으켰다.

나는 이 일을 통해 이 시대에 휴대폰 문자 메시지가 얼마나 중요한 역할을 하는지 톡톡히 경험했다. 그저 편리한 기계를 넘어서서 복음을 전하는 효과적인 수단이기도 하다. 한 사람을 살리고 다시 하나님 앞으로 인도하는 놀라운 효과를 발휘한 것이다. 그래서 나는 전도할 때 열성적으로 문자 메시지를 활용하는 편이다. 성경 말씀이나 감동 받은 이야기가 있으면 신자든 불신자든 간에 문자 메시지를 보내려고 한다.

모 생명보험회사의 서순임 팀장도 내가 보낸 문자 메시지를 통해 변화된 사람 중의 하나이다. 이분이 처음 교회에 왔을 때 한 말이 기억난다.

"장로님이 보내주시는 말씀 문자를 보고 하나님의 말씀에 길들여져서 왔습니다."

문자로 받는 성경 말씀이 교회로 오는 징검다리 역할을 한 것이다.

오늘이 마지막인 것처럼

나는 복음을 전할 때 오늘이 마지막일지도 모른다는 마음으로 전한다. 이것이 중요하다. 내일도, 모레도 있다고 생각하면 내일이나 모레 전도해도 될 것만 같다. 그다지 절박하지가 않다. 하지만 오늘이 마지막일지 모른다는 생각으로 전도하니까 마음이 매우 절실해진다. 그래서 내가 전도를 열심히 하고 열매도 많이 맺게 된 것 같다.

실제로 그렇다. '오늘'은 나와 그 사람의 마지막 날일지도 모른다. 복음을 듣는 사람뿐만 아니라 복음을 전하는 사람 역시 마찬가지다. 내일 일을 인간인 우리가 어찌 알겠는가. 오늘 무슨 일이 일어날지는 아무도 모른다. 게다가 우리에게 남아 있는 시간은 그리 많지 않다. 내가 살아 있을 때, 전도할 마음이 있을 때, 사랑하는 마음이 있을 때 해야 한다. 내일 갑자기 복음을 전할 수 없는 상황이 펼쳐질지도 모르는 일이다. 그래서 나는 늘 오늘이 마지막이라고 생각하면서 살려고 한다.

나는 매일 밤 잠들기 전에 복음을 전할 기회를 놓치지 않게 해달라는 기도를 한다. 복음을 전할 기회를 놓치면 그때마다 후회로 물들었고, 기회를 한 번 놓치니까 그 다음 기회가 잘 오지 않았다. 그 다음 기회를 영영 못 찾은 경우도 더러 있었다. 나 역시 그 사람만 바라보면서 살 수는 없었다. 계속해서 새로운 시간이 오고, 새로운 사람을 만나게 되면서 새로운 쪽으로 시선이 옮겨갔다. 그래서 하나님이 주신 소중한 기회를 놓치지 않으려고 날마다 최선을 다한다.

내게 오는 사람을 결코 놓치지 않는다!

'전도'라고 생각하면 일반적으로 밖에 나가 손과 발로 전도하는 것을 떠올릴 테지만, 시간이 흐를수록 나는 가만히 있는데 나를 찾아왔다가 전도가 되는 경우가 생겼다. 검사라는 내 직업적 특성상 나에게 법률 자문을 구하러 오거나 꼭 그런 문제가 아니더라도 나와 교제하기 위해 나를 찾아오는 경우도 많이 생겼다.

한번은 아시아 유도연맹 사무총장 조용철 용인대 교수(1984년 LA올림픽 유도 헤비급 동메달리스트)가 법률 자문을 구하기 위해 교회로 나를 찾아왔다. 자초지종을 들어보니 법적 문제가 생겼는데, 변호사도 여럿 선임해보고 갖은 노력을 기울였는데도 소용이 없어 고민하던 차에 친구에게 얘기했더니 내 이야기를 들려주면서 한번 같이 가보자, 그분을 만나면 좋은 일이 있을 거라고 해서 찾아왔다는 것이다.

나는 내가 해드릴 수 있는 조언을 조용철 교수에게 해드렸는데 일이 의외로 잘 풀렸다. 조 교수는 큰 도움이 되었다며 내게 고마움을 표하고 싶어 했다. 내가 돈을 받고 일하는 변호사가 아니라서 마음을 전할 방법을 몰랐던 것이다. 나는 기다렸다는 듯이 조 교수와 그의 가족들이 예수를 믿었으면 좋겠다고 하자, 그는 물론 일가친척까지 신앙생활을 하기에 이르렀다.

그리고 그가 대한유도협회 전무를 맡고 있어서 태릉선수촌의 유도 선수들을 비롯한 감독, 코치, 트레이너까지 교회에 데려오기도 했다. 선수들 중에는 처음에 억지로 떠밀려 왔다가 교회에 정착하는 선수들이 늘어났다. 그중에 2008년 베이징올림픽 유도 메달리스트인 최민호 선수와 김재범 선수도 있었다. 그리고 용인대 안병근 교수(1984년 LA올림픽 유도 라이트급 금메달리스트)도 자문을 구하러 왔다가 자신은 물론 수많은 유도 선수를 전도하는 데 이르렀다.

그리스도의 증인된 삶

보통 전도할 때 내가 힘쓰고 애써서 전도하는데 하나님께서는 내가 크게 애쓰지 않는 방법도 사용하시며 자연스럽게 인도해가셨다.

그 비밀이 성경에 있었다.

우리는 구원 받는 자들에게나 망하는 자들에게나 하나님 앞에서 그리스도의 향기니 고후 2:15

너희는 우리로 말미암아 나타난 그리스도의 편지니 고후 3:3

내가 그리스도의 향기가 되고 그리스도의 편지가 되면 사람들이 나를 보러 오는 것이다. 사람들은 이 시대에 하나님을 찾듯이 하나님의 사람을 찾고 있다. 하나님을 주목하듯이 하나님의 사람들에게도 주목하는 것이다.

내가 전국을 누비며 교회에서 간증하고, 검찰청 직원들과 관계자들을 전도하는 과정에서 내 이름이 많이 알려졌다. 그리고 CBS TV 〈새롭게하소서〉에 출연한 후로는 전국에서 이메일과 편지도 받게 되었다. 보통 검사와 다른 '하나님을 믿는 검사'라는 소문이 자자해지면서 나를 만나고 싶어 하는 사람들이 많아졌다. 나는 사람들을 보통 교회에서 만나자고 하기 때문에 교회로 나를 만나러 오는 사람들이 많았다. 자연히 더 많은 사람들이 전도되었다.

이 시기에 고린도후서 말씀을 보면서 깨달은 것이 있다. 한 사람이 하나님나라에 잘 서 있으면 그 사람을 통해 하나님을 만나는 길이 열린다는 것이었다.

> 우리는 구원 받는 자들에게나 망하는 자들에게나 하나님 앞에서 그리스도의 향기니 이 사람에게는 사망으로부터 사망에 이르는 냄새요 저 사람에게는 생명으로부터 생명에 이르는 냄새라 누가 이 일을 감당하리요 우리는 수많은 사람들처럼 하나님의 말씀을 혼잡하게 하지 아니하고 곧 순전함으로 하나님께 받은 것같이 하나님 앞에서와 그리스도 안에서 말하노라 고후 2:15-17

'그렇다면 나를 통해 교회로 인도되는 사람들에게 하나님을 만나는 길이 열리는 것이 아닌가?'

이런 생각이 들자 마음속에 기쁨이 차올랐다.

나를 만나러 오는 사람들이 '하나님이 누굴까?' 생각하고 하나님을 만나는 길로 인도되는 것을 보고 듣고 느끼면서 '성경이 응하는구나' 하고 생각했다.

그러나 내 힘으로는 할 수 없는 일이다. 내 안에는 아무런 권세가 없지만, 오직 성령이 임하시면 권능이 나타나는 것이다.

> 오직 성령이 너희에게 임하시면 너희가 권능을 받고 예루살렘과 온 유대와 사마리아와 땅 끝까지 이르러 내 증인이 되리라 하시니라 행 1:8

이 말씀에서 나는 하나님의 유별난 고집을 느꼈다. 내가 찾아가서 증인이 될 수도 있지만 나를 찾아온 사람이 증인을 만나 하나님 앞으로 나아가기도 했다. 중요한 발견이었다.

나는 여전히 이곳저곳 열심히 다니며 간증하고 전도하고 있다. 하지만 그에 못지않게 수많은 사람들이 나를 찾아와 전도되는 경험도 맛보고 있다. 교회에 누가 서 있는가가 굉장히 중요하다. 참된 그리스도인이 올바로 서 있어서 믿음과 말씀과 행함이 하나가 되는 모습을 보여준다면 믿지 않는 사람들에게 전도가 된다. '저 사람이 믿는 하나님을 믿고 싶다'는 열망을 품게 해주는 것이다.

전도할 수 있는 새 힘

사실 나는 내가 만나는 모든 사람을 하나님 앞으로 인도하고 싶었다. 그런 나를 하나님께서 확실히 영적으로 무장시켜주신 것을 느낀다. 교만한 마음이 아니라 '할 수 있다', '하고 싶다'는 마음으로 하니까 지혜도 샘솟고 만나는 사람에게 말 한 마디를 건네도 부드럽게 하게 되었다.

나는 매주 수십 명을 전도하여 사람들을 계속해서 교회로 인도했다. 그런 나를 두고 모든 교인들이 다 좋게만 보는 것은 아니었다. 나를 곱게 보지 않는 시선도 있었다.

"야, 혼자 너무 잘난 척하네. 담임목사에게 잘 보이려고 그러는 거 아냐?"

이런 말들이 간간이 들릴 때면 힘이 쭉 빠졌다. 마음이 위축되어 있으면 전도하기가 힘들다.

'내가 계속 전도를 해야 하나? 지금까지 많이 했으니 그만둘까?'

이런 마음도 들었다.

어머니는 간증도 전도도 건강을 생각하면서 하라고 하셨다. 내가 평소에 몸 관리를 잘하는 것을 아시면서도 부모 입장이라 안쓰러우신 모양이었다.

그런데 이미 교회에 오기로 약속한 사람들이 다음 달까지 줄을 서 있었다. 그토록 열정적으로 교회에 오라고 해놓고는 갑자기 시큰둥한 반응을 보이면 그들이 나와 교회를 어떻게 생각할까 싶었다.

나는 무릎을 꿇고 진지하게 기도했다.

"하나님, 어떻게 할까요?"

그러나 내 마음은 이미 정해져 있었다. 하나님이 하지 말라고 하셔도 계속해야 할 일이었다. 더구나 하나님께서 전도를 그만두라는 마음을 주실 리가 없지 않은가.

나는 말씀을 읽다가 위로를 받고 다시 힘을 얻었다. 독수리가 역풍을 딛고 창공을 향해 더 높이 오른다는 이사야서 말씀이었다.

> 오직 여호와를 앙망하는 자는 새 힘을 얻으리니 독수리가 날개 치며 올
> 라감 같을 것이요 달음박질하여도 곤비하지 아니하겠고 걸어가도 피곤
> 하지 아니하리로다 사 40:31

'사람의 말에 귀 기울이다가는 내가 실족하겠구나.'

나는 그 후로 그런 말이 들리면 무시하고 그냥 넘긴다. 여러 말이 있다가도 곧 사라지고 오히려 그 분들도 전도하는 데 동참하게 되리라는 마음의 감동이 있었다. 그런데 신기하게도 진짜 그런 말을 하는 사람들이 점차 줄어들었다. 돌아보건대 나를 위해 중보해주시고 격려해주는 분들이 훨씬 더 많았다.

사람대접해주는 것이 전도이다

나는 누구를 만나든 먼저 인사를 하려고 한다. 교회에서 성전 문지기를 하면서 뻣뻣하게 서 있다가는 잘못하면 교만한 사람으로 비춰질 수 있었다. 상대방을 실족케 할 수 있는 일이라 나는 처음부터 이 점에 유념하면서 의식적으로 먼저 인사하려는 노력을 기울였다. 몇 년간 의식적으로 하다 보니 어느 순간 그렇게 하는 것이 자연스러워졌다. 오히려 내가 먼저 인사하지 않으면 어색할 정도가 되었다.

그리고 인사를 할 때 말 한마디를 꼭 건넨다.

"요즘 어떠십니까? 기도 많이 하시죠?"

말 한마디가 중요하다. 그냥 인사만 건네는 것보다 말 한마디 하면서 안부를 묻는 게 중요한 것 같다.

나는 목사를 만나든, 장로를 만나든, 교인을 만나든, 보호관찰 청소년이나 갱생보호공단 출소자들을 만날 때에도 한결같이 대하려고 노력한다. 그런데 나의 작은 관심이 보호관찰 청소년이나 갱생보호공단 출소자들에게 각별하게 느껴진 것 같다. 따뜻한 말 한마디와 물심양면으로 그들을 돕고자 하는 마음이 전해지니까 그들이 교회에 나오게 되었다. 검사 장로라는 사람이 자신들을 높여주고 대접해준다는 것을 느끼고 교회에 정착하기도 했다.

이 원리는 전도에도 그대로 적용이 되었다. 나는 사람을 대접해주는 것이 전도라고 생각한다. 사람대접을 해주면 교회에 오기 싫어도 대접받으려고 온다. 그들이 어떤 잘못을 저질렀다고 해도 그들을 범죄자로 낙인찍고 교회마저 등을 돌리면 어떻게 하겠는가.

사회에 범죄 조직이 많아지면 그 사회는 망한다. 비록 죄를 범한 사람일지라도 우리가 그들을 따뜻한 마음으로 사랑하고 전도하지 않으면 내 가정이 죽고 사회가 망한다. 어떤 죄를 지은 범죄자라도 나와 더불어 살아갈 사람이라는 마음으로 그를 대접해주면 그 사람은 더는 범죄를 저지르지 않게 된다.

이것은 사회병리학이나 범죄심리학과도 관련이 있다. 결국에는 사람을 대접해주면 그 사람도 살고 나도 살고 내 가정도 살아나는 것이다. 그렇지 않고 그들을 낙인찍고 "저놈은 몹쓸 놈, 죽일 놈, 나쁜 놈" 하면서 결국 '저런 놈을 왜 전도해? 저놈은 안 돼'라는 마음을 가진다면 그들은 언제 다시 사회의 흉기로 돌변할지 모른다.

살기 좋은 사회를 만들기 위해서라도 사람대접이 필요하다. 우리가 그 사람을 무시했을 때와 사람대접했을 때의 결과를 생각하면 분명해진다. 다른 사람이 자신을 무시하면 기회만 생기면 복수하려고 덤벼들지만, 한 사람이라도 자신에게 따뜻하게 대하면 마음이 녹아내린다. 그 사람에게 잘해주고 싶고, 그런 사람이 있다는 자체로 살 의미가 있다고 생각하게 된다. 다른 사람들은 못하더라도 우리 그리스도인이 먼저 앞장서야 한다.

'다른 사람들은 못하더라도 우리는 하자.'

이 마음가짐이 중요한 것 같다.

전도하는 마음은 나의 평상심이다

하나님은 모든 사람을 사랑하고 모든 사람이 하나님을 믿고 신뢰하여 천국에 가기를 원하신다. 그런데 나는 잘나고 저 사람은 형편없는 사람이라고 무시하고 폄하하는 것은 하나님의 뜻에 부합되지 않는다.

하나님께서 내 목숨을 두 번이나 살려주시고 검사로 세워주시고 또 하나님의 말씀으로 세워주셨다. 하나님이 이렇게 나를 키워주시고 여러 가지 달란트와 직업도 주시고 건강도 주신 것은 나 혼자 잘 먹고 잘

살라는 것이 아니다.

'하나님이 긍휼히 여기시는 이 사람들을 더 좋은 사람으로 변화시키고 하나님께서 더 이상 그들 때문에 근심하시지 않도록 그들을 생명의 길로 데려오는 것이 하나님의 뜻이 아닌가.'

나는 이 생각을 하면서 사역이라고 하면 거창하지만 내게 주어진 환경에서 조금씩 해보고 있다. 물론 내가 다 할 수는 없다. 하지만 내가 만나고 알게 된 사람은 누구라도 잘 대해주려고 하는 것이다.

그래서 전도할 기회가 찾아오면 하는 것이다. 무턱대고 덤볐다면 시험에 들었을 것 같은데, 지난 10년간 시험에 들지 않고 지속적으로 전도한 비결이라면, 그것은 전도한다는 마음이 평상심이 되었다는 것이다. 한꺼번에 많이 전도하고 끝내버릴 심산이 아니라 잔잔하게 하나님께서 내게 주신 사랑과 말씀을 전해왔다.

그러다보니 내가 인상이 좋다는 말도 듣고 편안하다는 이야기도 듣게 되었다. 내가 어찌 내 인상을 주관할 수 있겠는가. 다 하나님이 주시니까 편안한 마음으로 전도할 수 있었던 것이다. 고난의 때에도 못하겠다고 발악하지 않고, 하나님의 뜻을 찾아 기도하게 해주신 것에 감사하다.

이쯤이면 전도가 생활화되었다고 볼 수 있겠지만, 전도라는 말보다 한 사람 한 사람을 대접해주고 싶다. 그 사람이 잘 살면 좋겠고 평안해졌으면 좋겠다는 마음이 전부였다. 그렇기 때문에 꼭 예수 믿고 구원받기를 소원하게 되는 것이다.

내게 맡겨주신 단 한 영혼이라도

한번은 귀신이 들린 자매 한 사람을 소개 받았다. 소개해주시는 분이 내 손을 꼭 붙잡고 간곡히 부탁했다.

"장로님께 이 아이를 맡기니 꼭 살려주십시오."

"제가 무슨 힘이 있습니까? 저는 사람을 살릴 능력이 없습니다. 제가 믿는 예수님께 간구하면 예수님이 저를 통해 하실 겁니다."

나는 하나님이 주신 감동으로 그렇게 말했다.

그런데 그 자매의 집에 삼 대째 무당신이 내려오고 있었다. 그녀는 예쁘고 똑똑했다. 내가 성경을 근거로 말씀을 전하고 또 기도하면서 복음을 전하자 그녀 역시 귀신의 논리로 강력하게 반박했다.

그녀에게는 충분한 시간과 사랑이 필요했다. 사실 이 일은 내게 그다지 내키지 않는 일이었다. 나는 시간이 그렇게 많은 사람도 아니다.

그렇지만 하나님은 예수 그리스도의 권능으로 그녀를 살려주라고 말씀하셨다.

귀를 막고 가난한 자가 부르짖는 소리를 듣지 아니하면 자기가 부르짖을 때에도 들을 자가 없으리라 잠 21:13

나는 이 말씀을 가슴에 담고 그 자매에게 다가갔다. 처음에는 나를 어찌나 핍박하는지 당신 같은 사람은 필요 없으니 다시는 오지 말라고 매몰차게 대했다. 그리고 문자 메시지로 성경구절을 보내면 안 볼 수가 없다면서 그만 좀 보내라고 다그쳤다. 내가 문자 메시지를 보낼 경우, 메시지를 지우더라도 보고 지운다는 것을 이 자매를 통해 알았다.

그런데 그 말씀을 보고 나면 굉장히 괴롭다는 것이다. 어둠의 세력이 자신을 더욱더 짓누르는 것을 본인이 느낀다고 했다. 내가 보낸 문자 메시지를 보거나 내가 가서 기도해주고 말씀을 전하고 나면 증상이 더 심해진다는 것이다.

그렇게 1년을 눈물로 기도하며 말씀을 전했다. 하나님께서 얼마나 그 영혼을 사랑하시는지 모른다. 그 자매는 나의 눈물과 인내와 순종을 통해 지금은 사랑하는 하나님의 딸로 놀랍게 변했다. 속사람이 나날이 새로워지면서 그 사람도 변한 것이다.

그러므로 우리가 낙심하지 아니하노니 우리의 겉사람은 낡아지나 우리의 속사람은 날로 새로워지도다 고후 4:16

이 사람은 귀신들린 소녀이니 무엇으로도 귀신을 쫓아낼 수 없고 치유할 수 없다고 호언장담했던 수십 명의 사람들이 일거에 입을 다물게 되었다. 그리고 그 분들이 그 자매를 통해 모두 신앙생활을 시작하게 되었다. 하나님의 놀라운 역사를 직접 체험해보면 우리에게 맡겨주신 영혼이 얼마나 많은지 헤아릴 수 없다는 것도 알게 된다. 하나님께서는 지금도 각 사람을 통해 잃어버린 한 영혼을 구원해내려고 하신다.

우리가 방황하는 신앙인이 아니라 말씀의 하나님을 확실히 만난 신앙인이 되어 말씀을 통해 수많은 영혼들을 구원해내고 살리는 성도가 되기를 간절히 바란다.

chapter **10**

하나님이 쓰시는
더 큰 일꾼 되기를 사모하라

하나님의 뜻대로 하는 근심

나는 검사다. 아직까지 나는 검찰청에서 근무하고 있다. 그동안 나는 하나님이 세워주신 검사로서 하나님의 공의를 나타내고 행하기 위해 혼신의 힘을 다해왔다. 고난의 순간 하나님의 뜻이 무엇인지 몰라 고뇌하고 번민하면서도 하나님의 뜻이 분명히 있다는 믿음만큼은 놓아본 적이 없다.

> 하나님의 뜻대로 하는 근심은 후회할 것이 없는 구원에 이르게 하는 회개를 이루는 것이요 세상 근심은 사망을 이루는 것이니라 **고후 7:10**

나는 나 스스로 끊임없이 하나님의 뜻대로 근심해왔다고 자부한다. 내가 만일 대구로, 광주로 가면서 '완전히 승진에서 탈락되었다, 이젠 끝이다, 앞으로 과연 승진이 될까?' 이것만 생각했다면 나는 매우 낙심하여 검찰을 떠나 벌써 변호사를 했을 것이다. 그렇지만 나는 하나님께서 과연 왜 나를 그곳에 보내셨을지 하나님의 뜻대로 하는 근심을 해보았다. 하나님의 뜻대로 하는 근심이란 기도라고 말할 수 있을 것이다.

'나를 이곳에 보내신 하나님의 뜻이 뭘까? 내가 이곳에서 무슨 일을 해야 할까?'

나는 항상 그것을 생각했다. 내가 세상 근심만 하며 땅을 치고 가슴 치지 않았고, 하나님의 뜻이 어디에 있는지 구하고 기도했다. 하나님의 뜻은 나를 영남에 보내어 검찰에서 복음을 전하도록 하는 것이었고, 호남으로 보내어 나를 통해서 많은 사람을 구원으로 인도하는 일을 행하시는 것이었다.

내가 세상 근심만 하다가 검찰을 떠났다면 어쩌면 나는 복음과 거리가 먼 사람이 되었을지도 모른다. 하나님의 말씀은 정말 명확하다. 하나님의 뜻대로 하는 근심, 곧 하나님의 뜻을 구하는 기도를 했더니 하나님께서 그 뜻을 내게 알려주시고 보여주셨다. 그래서 그 뜻대로 고난 중에라도 순종했더니 오늘에 이르게 되었다고 고백하지 않을 수 없다.

지금 나의 사법시험 동기는 물론 바로 아래 후배들까지 검사장이나 고등검사장을 거쳐서 거의 다 검찰을 떠나고 없다. 그러니까 나 역시 제대로 승진했다면 검사로서 현직에 남기 어려웠다는 말이 된다. 조직의 흐름상 승진이 되면 자기 마음대로 안 되기 때문이다. 승진이 되어 검사장이 되었다면 관할 지역을 벗어나 타 지역으로 간증집회를 가는 일은 엄두도 못 낸다. 업무 시간 외적으로 하는 일이라도 말이다. 어쩌면 대검찰청의 허락까지 받아야 하는 사안이다. 검사장이 간증하러 다니고 대놓고 전도하면 어떤 제재가 뒤따랐을 것이다.

'아, 그때 승진했다면 내가 벌써 검찰을 떠났겠구나.'

그래서 하나님의 뜻은 함부로 속단해서는 안 된다. 하나님의 뜻을 그 당시에 바로 알기는 어렵다. 그러니까 기도하면서 하나님의 뜻을 구하고, 하나님의 뜻을 발견하면 그 뜻대로 하나씩 하나씩 해보는 것이다. 그러면 하나님께서 분명히 우리를 소망의 항구로 인도하신다.

그들이 평온함으로 말미암아 기뻐하는 중에 여호와께서 그들이 바라는 항구로 인도하시는도다 시 107:30

'아, 하나님이 인도하셨구나!'

나도 7,8년이 흐른 지금에서야 명확히 알게 되었다. 이제는 두려움이 없다. 대구로 가고 광주로 가라고 하실 때에는 두려움이 있었다. 그런데 다 내려놓으니까 두려움이 없고 감사하다. 그때 당장은 알 수 없었지만 분명히 하나님의 오묘한 뜻이 있었다. 요셉의 경우 그가 감옥에서 나와 애굽의 총리가 될 것이라고 과연 누가 생각했을까? 요셉 자신은 물론 애굽의 바로도, 같은 감옥에 갇혀 있던 사람들 역시 전혀 생각하지 못했을 것이다. 오직 하나님께서 하나님의 방법으로 그를 인도하신 것이다.

지금 나도 마찬가지다. 나는 하나님께서 나를 검찰에서 더 쓰셔도 감사하고 옮기셔도 감사하다. 나는 내가 어디로 어떻게 갈지 전혀 모른다. 단, 필요하다면 하나님께서 하나님의 방법으로 인도하시리라는 믿음만 가지고 있을 뿐이다.

생명 전도

하나님은 어떤 분이실까?

어느 바닷가에 아버지와 아들 단둘이 살고 있었다. 하루는 아들이 자기 친구를 데리고 와서 친구와 함께 배를 타고 바다로 나가 바다 구경을 하고 싶다고 아버지를 졸랐다. 하지만 아버지는 곧 폭풍우가 몰려올 테니 지금 나가면 안 된다고, 나가면 죽는다고 타일렀다. 평생 어부로 살아온 아버지는 하늘만 보면 태풍이 올지, 폭우가 쏟아질지 다 알기 때문이다. 하지만 아들은 하늘이 저렇게 멀쩡한데 무슨 소리냐고 막무가내로 떼를 썼다. 아들이 말을 듣지 않자 아버지는 아들과 아들의 친구의 안전을 위해 그들을 방안에 가둬버렸다. 결국 강력한 폭풍우가 몰려왔다.

나는 어쩌면 이분이 하나님이 아닐까 생각한다. 아버지와 아들의 관계, 아버지가 아들에게 한 행동이 하나님께서 우리에게 행하신 일과 같다고 생각한다. 우리는 모른다. 하지만 하나님 아버지는 다 아신다. 따라서 우리가 여러 가지 일들을 하면서 우리 뜻대로 하기만 하면 잘될 거라고 생각한다면 그것은 정말 가소로운 이야기이다. 하나님께서는 우리에게 생명과 복과 사망과 저주를 주셨다. 사망을 택하지 말라고 그토록 말리셨고 생명의 법을 택하라고 그토록 당부하셨다. 그런데도 그것을 알지 못하는 사람들에게 가서 생명의 법을 알게 하여 그들을 생명의 길로 데려오는 것, 그것이 바로 전도다.

> 내가 오늘 하늘과 땅을 불러 너희에게 증거를 삼노라 내가 생명과 사망과 복과 저주를 네 앞에 두었은즉 너와 네 자손이 살기 위하여 생명을 택하고 신 30:19

하나님은 생명과 사망과 복과 저주를 우리 앞에 두시고 우리가 택하도록 기회를 주셨다. 그런데 그것이 생명인지 사망인지, 복인지 저주인지 하나님을 믿지 않는 사람들은 모른다. 먼저 하나님 앞으로 인도함 받은 우리가, 먼저 하나님의 말씀을 깨달은 우리가 그것을 모르는 자들에게 이것이 생명이고 이것이 복이라고 알려주는 것이 바로 전도가 아니겠는가?

"이 길로 와야 당신도 살고 나도 삽니다. 당신을 옳은 데로 인도하면 나는 복을 받습니다. 당신 역시 길을 몰라 헤매는 사람을 생명의 길로 인도하여 하나님이 주시는 복을 받아 누리시기 바랍니다."

이렇듯 많은 사람을 생명의 복(福)으로 인도하는 것은 우리의 마땅한 사명이다.

많은 사람을 옳은 데로 돌아오게 한 자는 별과 같이 영원토록 빛나리라
단 12:3

하나님의 뜻은 명백하다.

하나님은 모든 사람이 구원을 받으며 진리를 아는 데에 이르기를 원하시느니라 딤전 2:4

그래서 나는 하나님의 뜻을 이뤄드리기 위해 전도한다. 말씀을 믿기만 하거나, 믿는다고 말만 하고 행함이 없는 죽은 믿음이 아니 되기 위해, 말씀과 믿음과 행함이 일치하는 신자가 되기 위해 나는 전도한다. 혼자 천국 가면 하나님께서 나를 얼마나 이기적인 사람으로 보실까? 그래서 더 많은 사람들을 천국으로 인도하고 싶어서 열심히 전도한다.

내가 믿는 하나님은 내가 원하는 복을 주고자 하는 분이 아니요 하나님이 원하시는 복을 주시려고 하는 분이었다. 하나님은 모든 인류에게 복 주기 원하시지만 단, 우리가 그 방도를 택해야 한다고 말씀하신다. 생명을 주는 하나님을 택할 것인지, 생명을 준다고 거짓말하고 저주를 주는 사탄 마귀를 택할 것인지 우리가 결정하도록 기회를 주

셨다. 따라서 먼저 믿은 우리가 하나님이 주시는 복 받는 길을 택하도록 많은 사람들에게 전해야 한다. 그런데 이 이야기를 검사인 내가 하니까 사람들이 일단 내 말을 신뢰해준다. 나는 그들을 교회로 인도한다. 곧 예수 그리스도께 인도하는 것이다. 사람들이 나를 통해 그분을 만날 수 있도록 나를 내어드리는 것이다.

사명자의 길

성공한 하나님의 신앙인이라면 그 열매가 나타나야 한다.

어떤 회사가 회의를 거듭하고, 직원들을 닦달하고, 그런데 아무리해도 제품이 안 나오거나 나와도 불량품이 나온다면 아무도 그 회사를 가리켜 성공한 회사라고 부르지 않을 것이다. 진짜 성공한 회사의 기업가라면 좋은 아이디어를 가지고 직원들과 하나가 되어 사람들에게 유익한 제품을 생산해서 그것을 많이 팔아 이윤을 창출하는 사람이다. 마찬가지로 하나님도 그렇게 생각하실 것 같다.

우리는 기도하고, 말씀을 읽고, 찬양해야 한다. 그런데 그것 못지않게 하나님을 드러내는 일을 해야 한다. 처음부터 내가 뭘 할 수 있겠느냐고 해서는 안 된다. 우리가 할 수 있는 일은 결코 적지 않다.

내가 진실로 진실로 너희에게 이르노니 나를 믿는 자는 내가 하는 일을 그도 할 것이요 또한 그보다 큰 일도 하리니 이는 내가 아버지께로 감이라 요 14:12

그렇지만 우리가 눈을 감아버리고 귀를 닫아버리면 내가 할 일이 하나도 없다고 생각하기 쉽다. 아니다. 당신이 할 수 있는 일이 분명히 있다. 사람들이 그것을 깨닫도록 돕는 일 또한 나는 나의 사명이라고 생각한다.

예전에 나는 검찰에서 특수부 검사, 특수부장, 대검 중수부 과장으로 있으면서 승승장구했다. 그래서 검찰총장이 되고, 법무부 장관이 되는 것이야말로 검사인 내 인생에 있어서 대성공이 아닌가 생각했던 적이 있다. 그러나 하나님이 원하시는 목표를 향해 달리지 않았다면 아무리 출세한들 그리스도인답게 살지 못했기 때문에 하나님이 보시기에 진정한 출세가 아니라는 것을 깨달았다. 하나님의 사람으로서 하나님의 계획과 목적대로, 하나님의 뜻대로 사는 것이 진정한 그리스도인의 성공이었다. 하나님께서 나를 인도하시는 바대로 사는 것, 그 종착역이 바로 '성공'이었다.

나는 요셉, 모세, 다니엘, 사도 바울을 떠올렸다. 그들이 엄청난 고난을 받았고 결국 그 고난을 이겨냈기 때문에 하나님께서 그들을 높여주신 것일까? 아니다. 그들이 하나님의 영광을 나타내는 도구로 쓰임 받았기 때문에 하나님이 주시는 놀라운 복을 받은 것이다!

내가 원하는 복과 하나님이 주기 원하시는 복은 그 차원이 다를 수 있다. 그렇다면 하나님의 사람으로서 마땅히 하나님이 주기 원하시는 원대한 복을 받으려고 힘써야 한다.

"하나님, 나를 통해 영광 받아주옵소서."

나는 특별한 전도 훈련을 받은 사람이 아니다. 단지 하나님 앞에 이 점을 결단하고 그것을 그대로 실천하기 위해 내게 주어진 직장과 환경에서 최선을 다하는 것이다. 하나님이 부어주신 마음으로, 예수 그리스도의 심장으로 직원들을 존중하고, 지역을 사랑하며, 이웃을 배려하는 것이다. 하나님의 영광을 나타내는 것이 내 인생의 최종 목표라고 생각하면 나는 못할 일이 없다.

과정의 그리스도인

나는 전도하면서 자아가 죽는 것을 경험했다. 복음을 전해야 하는 상황에 직면해보면 알 수 있다. 자기 자아가 팍 살아나면 결코 전도가 되지 않는다.

형제들아 내가 그리스도 예수 우리 주 안에서 가진 바 너희에 대한 나의 자랑을 두고 단언하노니 나는 날마다 죽노라 고전 15:31

우리는 완전해질 수 없다. 우리 자아가 계속해서 살아나려고 하기 때문에 바울이 단언했듯 우리는 날마다 죽어야 한다. 나 역시 형성 과정 중에 있는 그리스도인이다. 우리는 건축 중에 있다. 스스로 자신이 전도의 대가(大家)라거나 누구나 전도할 수 있다고 생각한다면 그것은 대단한 착각이다.

나 역시 그렇다. 날마다 죽지 않으면 나는 할 수 없다. 내가 애초부터 전도를 많이 하겠다고 작정한 것이 아니다. 한 사람이라도 더 교회로 인도하고 싶고, 마땅히 그리해야 하기 때문에 하는 것이다. 다른 사람과 비교했을 때 나는 다를 것이 전혀 없는 사람이다. 다만 하나님의 때에 하나님의 방법으로 변화된 이후, 하나님께서 나를 통해 행하신 일들을 증거할 때, 나의 간증을 듣고 많은 사람들이 변화되어 사명을 깨닫기 원하시는 하나님의 뜻이 있다고 생각한다. 나는 전도를 많이 할 수 있는 특별한 능력이 있어서 전도하는 것이 절대 아니다. 이 일이야말로 내 몸이 부서지는 한이 있더라도 해야 보람 있는 일이기 때문에 마땅히 하는 것이다.

주가 쓰시겠다 하라

내가 위대한 인물이기 때문에 쓰임 받는 것은 더더욱 아니다. 하나님은 내게 세상 검사의 심장 대신 예수 그리스도의 심장을 주셨다. 그리고 그리스도의 심장을 가진 사람만이 할 수 있는 하나님의 일을 맡기셨다. 우리 하나님은 그 사람이 하는 일을 지켜보신다. 작은 일에 충성하는지 보시고 더 많은 일을 맡기신다. 더 큰 하나님의 일꾼으로 그를 사용하기 위해 높은 자리에 올려주시기도 한다.

하나님이 주신 마음으로 사람들에게 전도하고, 서로 교제를 나누고, 성경을 보고, 같이 울고, 기도하는 일 자체가 쓰임 받는 것이다. 하나님은 육(肉)의 사람이 아니요 영(靈)이시기 때문에 하나님의 사람 누구에게나 임하셔서 하나님의 마음을 부어주실 수 있다. 우리가 그 마음을 받아서 일하는 것이 곧 하나님께 쓰임을 받는다는 의미이다. 다시 말해 하나님의 영이 우리의 육을 통해 일하시는 것을 뜻한다.

그렇다면 좀 더 크게 쓰임 받기 위해 내가 무엇을 해야 할까? 아니다. UN사무총장, 대한민국 대통령, 법무부 장관, 외무부 장관 등 우리가 생각하는 것처럼 더 높은 자리에 올라야만 더 많은 사람들을 인도할 수 있는 것이 아니다. 우리는 하나님이 쓰시는 일꾼이 되기를 사모하고 앞으로 더 큰 일꾼으로 써주실 것을 기대하며 기도해야 한다.

그러기 위해서 지금 어떤 모양과 처지에 있든지 현재 자신의 형편에서 하나님의 일을 할 줄 알아야 한다. 전도해보라. 전도하려면 섬기고 사랑해보아야 한다. 그렇게 하다보니 저절로 되는 것이지 아무것도 안 하면서 '하나님, 저를 크게 사용해주십시오'라고 하면 하나님은 듣지 않으신다. 자신이 할 수 있는 작은 일부터 시도해보아야 한다. 지금 당신이 할 수 있는 일이 분명히 있다.

예수 그리스도의 심장을 가지고 하나님이 하시고자 하는 일에 하나님의 일꾼으로 쓰임 받는다는 것은 그 자체로 축복이다. 자신의 영광을 위해 일하는 것이 아니요 하나님의 영광을 위해 쓰임 받고 있다면 우리는 하나님의 동역자들이다.

우리는 하나님의 동역자들이요 너희는 하나님의 밭이요 하나님의 집이니라 고전 3:9

크게 쓰임 받든, 적게 쓰임 받든, 한 명을 전도하든, 몇 천 명을 전도하든, 큰 기업을 통해서 많은 사람들을 전도하든, 작은 기업을 통해서 사람들을 배려하며 전도하든 우리는 하나님의 동역자들이다. 그 앞에 '큰' 또는 '작은'이라는 말이 없다. 우리는 모두 하나님을 위해 함께 일하는 동역자들이다.

전도하면 사명감이 살아난다

앞으로 내가 어떤 자리에 갈지 나는 전혀 알 수 없다. 하지만 어떤 자리에 있게 되더라도 분명한 것이 있다. 그것은 하나님이 내게 주신 사명, 곧 수많은 사람들을 복음의 길로 인도해내라고 하신 일이다. 한때 전도 목표를 1만 명으로 정한 적이 있었는데 이미 훨씬 초과했다. 앞으로의 목표 또한 내가 구체적으로 상정할 수는 없다. 하지만 나는 최소 10만 명 이상 하나님 앞으로 인도해보겠다는 비전을 품고 있다.

또 내가 원하는 복에 그치는 것이 아니라 하나님의 사람에게 하나님이 원하는 복을 주시고자 하시면 하나님께서 하나님의 방법으로 그 복도 주실 것이요, 또 그 복을 지렛대 삼아 더 많은 사람들을 구원의 길로 인도하는 사명자로 세워주실 것이다.

하나님이 주신 사명을 깨닫지 못한 채 아무 목적 없이 사는 삶의 상태는 매우 심각하다. 사탄은 우리가 하나님의 사람 됨을 인정하지 못하도록 안 보이게 하고 못 듣게 한다. 영적으로 말하면 우리를 계속 죽이는 것이다. 전도하고자 하는 마음도 의지도 행함도 없이 그냥 그렇게 세상에서 죽은 자처럼 살아가게 한다.

네가 살았다 하는 이름은 가졌으나 죽은 자로다 계 3:1

그러나 변화되자 나의 사명을 분명히 자각하게 되었다. 검찰청이라는 직장, 내가 만나는 수많은 사람과의 관계, 내가 섬기는 교회를 통해서 하나님께서 내게 주신 사명을 다하기 위해 힘쓴다. 그러다가 전도해보니 나의 사명을 더 명확히 깨닫게 되는 것이다. 사명을 아니까 전도하게 되고, 전도하다보니까 나의 사명을 더욱 확신하게 되는 일이 일어난다. 전도와 사명은 바로 이런 상관관계에 있다.

그렇지만 우리가 변화되고 난 뒤에도 사탄은 매일매일 사명에 눈뜬 우리의 눈을 가리려고 하고 여러 측면에서 공격해온다. '내가 이 일을 해야 하나?' 낙심케 하기도 하고, 사람의 말에 귀가 솔깃하여 '도대체 내가 왜 이러고 있어?' 이런 생각을 주기도 한다. 그러나 그럴 때마다 바울의 고백처럼 나는 날마다 죽고 내 안에 하나님의 말씀과 하나님의 생각과 하나님의 마음이 임하면서 내가 누구인지 나의 사명이 무엇인지 다시 한번 재천명하는 역사가 일어나는 것, 그래서 또다시 더 해보기로 결단하는 것이 내가 전도하면서 점점 살아났다고 말하는 표현의 의미이다.

하나님의 심정으로 사명이 다할 때까지

내가 예수 그리스도의 심장으로 너희 무리를 얼마나 사모하는지 하나님 이 내 증인이시니라 빌 1:8

우리는 하나님의 심정을 좀 더 알아야 한다. 하나님은 모든 사람이 구원을 받으며 진리를 아는 데 이르기를 원하신다. 하나님은 하나님 이 택한 백성들을 예비하신 천국에 들어가도록 인도하신다. 그들을 마음에 끝까지 품으시고 깊이 사랑하신다.

이때 하나님께서 택한 백성이란 하나님이 우리에게 기회를 주셨을 때 우리가 생명을 택한 것, 곧 하나님과 우리가 맺은 계약을 의미한다. 생명이 무엇이고 사망이 무엇인지 알려주고 생명의 길을 따르라고 했 건만 이스라엘 백성들은 하나님을 배반하고 그 길로 가지 않았다. 하 나님께서 결국 자신의 아들 예수 그리스도를 이 땅에 보내어 우리를 구원하셨으니 성경은 온통 우리를 구원하시고자 하는 하나님의 마음 으로 점철되어 있다고 해도 과언이 아니다. 예수 그리스도의 심장으 로 모든 사람이 구원을 얻도록 하는 이 일에 우리가 부르심을 받았다.

지금까지 나는 검사로서 맡은 바 나라의 일에 부지런히 정성을 다 해 힘써왔다. 또 하나님이 세우신 검사로서 내가 만나는 모든 사람에 게 사랑으로 다가가 단 한 번이라도 교회로 와서 하나님을 만날 수 있 도록 초청하는 전도의 일을 감당했다. 그러나 나는 단지 와보도록 청했을 뿐 그들을 만나주신 분은 하나님이시다. 그래서 전도의 성공자는 오직 하나님이시다. 나는 단지 나를 통해 하나님이 행하신 일을 증거할 뿐이니 간증의 도구일 뿐 간증의 주체는 역시 하나님 한 분뿐이시다.

오직 하나님의 영광을 위해 하늘의 검사로서 좀 더 많은 사람들이 하나님 앞으로 돌아오도록 인도하는 이 사명이 언제 다할는지 나는 모른다. 다만 우리 주님이 오실 때까지 우리에게 맡겨주신 사명을 넉넉하고 풍성히 감당할 수 있기를 기도할 따름이다.

앞으로 모든 사람들이 전도자에게 주시는 하나님의 복을 사모하여 전도의 사명자로 일어나기를 기도한다.

감사의 글

이 책이 세상에 드러나기까지 수십 년의 산고와 신고, 고난과 연단의 과정이 있었다. 기도와 눈물, 헌신과 순종, 격려와 배려를 아끼지 않은 분들에게 감사드리지 아니할 수 없어 생각나는 분들의 이름을 적어 올린다.

창조주 하나님과 많은 가르침을 주신 예수 그리스도께 감사드린다.

여의도순복음교회 원로목사 조용기, 서울 명성교회 담임목사 김삼환, 창원 양곡교회 담임목사 지용수, 광주 광천교회 담임목사 박금호, 서울 성복교회 담임목사 이태희, 영주 모산교회 담임목사 황법남, 아버지 고(故) 김명권, 어머니 배귀선, 장인 배승호, 장모 고(故) 김정이, 윤명옥, 아내 배성순, 아들 김상엽, 딸 김사랑, 이모할머니 고(故) 박정희, 수양어머니 조이순, 삼정기업 피홍배 회장 장로, 천양수산 김수웅 회장 장로, 미국 김승진 사장 장로, 담터 장세근 사장 장로, 마사회 제주본부장 남병곤 장로, 한국유비쿼터스협회장 김성식(평택 부흥순복음

교회 담임목사), 미래사회연구소 이사장 정창덕 고려대 교수, 규장의 여
진구 대표, 안수경 실장을 비롯한 편집실 관계자, 그 외 많은 목회자,
성도, 이웃들에게 깊이 감사드린다.

하늘의 특별검사

초판 1쇄 발행	2011년 1월 10일
초판 12쇄 발행	2011년 3월 28일
지은이	김인호
펴낸이	여진구
책임편집	안수경
편집 1실	강민정, 이영주, 박민희
편집 2실	김아진, 최지설, 오은미
기획·홍보	이한민
책임디자인	이유아, 전보영	이혜영, 정해림
해외저작권	최영오
마케팅	김상순, 강성민, 허병용, 이기쁨
마케팅지원	최태형, 최영배, 이명희
제작	조영석, 정도봉
경영지원	김혜경, 김경희
이슬비전도학교	엄취선, 전우순, 최경식
303비전성경암송학교	박정숙, 정나영, 정은혜
303비전장학회 & 303비전꿈나무장학회	여운학
펴낸곳	규장

주소 137-893 서울시 서초구 양재2동 205 규장선교센터
전화 578-0003 팩스 578-7332   이메일 kyujang@kyujang.com
홈페이지 www.kyujang.com   트위터 twitter.com/_kyujang
등록일 1978.8.14. 제1-22

ⓒ 저자와의 협약 아래 인지는 생략되었습니다.
이 출판물은 저작권법에 의해 보호를 받는 저작물이므로 무단 전재와 무단 복제를 할 수 없습니다.

책값 뒤표지에 있습니다.
ISBN 978-89-6097-191-2 03230

규 | 장 | 수 | 칙

1. 기도로 기획하고 기도로 제작한다.
2. 오직 그리스도의 성품을 사모하는 독자가 원하고 필요로 하는 책만을 출판한다.
3. 한 활자 한 문장에 온 정성을 쏟는다.
4. 성실과 정확을 생명으로 삼고 일한다.
5. 긍정적이며 적극적인 신앙과 신행일치에의 안내자의 사명을 다한다.
6. 충고와 조언을 항상 감사로 경청한다.
7. 지상목표는 문서선교에 있다.

하나님을 사랑하는 자 곧 그의 뜻대로 부르심을 입은 자들에게는 모든 것이 合力하여 善을 이루느니라(롬 8:28)

Member of the
Evangelical Christian
Publishers Association

규장은 문서를 통해 복음전파와 신앙교육에 주력하는 국제적 출판사들의
협의체인 복음주의출판협회(E.C.P.A-Evangelical Christian Publishers
Association)의 출판정신에 동참하는 회원(Associate Member)입니다.